部活動の社会学

部活動の社会学

学校の文化・教師の働き方

SOCIOLOGY OF BUKATSUDO

UCHIDA RYO
内田良 編

岩波書店

はじめに——ネグレクトされてきたテーマ

部活動は学校のなかでは大人気の教育活動である。「部活が中学校時代のいちばんの思い出」という人もたくさんいるし、「部活やりたくて教職についた」という教員も年代を問わずいる。

平日の夕方にくわえて土日も活動、さらにはそれが入学から卒業まで三年にわたってつづく。各教科における教員と生徒の関係よりも、部活動におけるそれのほうが、頻度も多く密度も高い。質と量の両面において、部活動が教員や生徒に与える影響は絶大である。

しかしながらそれとは対照的に、部活動に関する研究は驚くほど少ない。教員養成系大学には、各教科の研究者はたくさんいるけれども、部活動の研究者は皆無に等しい。それもそのはずで、部活動は「教育課程外」、すなわち「やってもやらなくてもいい」活動だからである。練習をするもしないも顧問の裁量であるし、生徒が練習に参加しなくても欠席が公式に記録されることもない。そもそも教員は教科指導の専門家であり、部活動指導について何か特別な資格をもっているわけでもない。制度上はほとんど「趣味」のような位置づけであり、そうした非公式とも言える活動をいちいちアカデミックに取り扱う必要などない。こうして部活動は、教育研究者からネグレクトされてきた。

一方で実際のところは、部活動は学校教育の中心的な活動であるように見える。学校の付近を通りかかると、部活動の垂れ幕や横断幕が誇らしげに掲げられ、校舎に入ればトロフィーが燦然と輝いている。学校の本務である教科指導について、学校が何に力を入れているかはほとんどわからないけれども、部活動指導についてはそれがはっきりとわかる。

部活動は教員と生徒にとって、ともすると教科以上に重要な意味をもつものである。たとえ制度上は「やってもやらなくてもいい」ものにすぎないとしても、実践の上では学校に深く根ざした活動であり、それゆえに学術の上でも丁寧な調査研究が不可欠である。

さらに言えば、むしろ「やってもやらなくてもいい」からこそ、そこに部活動の課題が潜んでいると表現すべきであろう。制度の手が及ばないがために、過熱に歯止めがかからず、また安全管理体制もまったく不十分である。「やってもやらなくてもいい」からこそ、「研究をやらなければならない」のだ。

本書は、ネグレクトされてきた部活動の現実を、とくに教員の関わり方に注目して、社会学が得意とする質問紙調査から「見える化」しようという試みである。その射程は学校内部にとどまらず、保護者との関係性や教員の家庭背景、さらには日本社会のスポーツ文化やジェンダー文化など、社会学的な拡がりをもっている。そして見える化の作業からは、部活動の問題や矛盾を解消するための方策が浮かび上がってくる。

じつは私たちは同じ執筆陣で二〇一八年に、岩波ブックレット『調査報告 学校の部活動と働き方改革——教師の意識と実態から考える』を刊行している。これは調査実施後の速報版として発表したもので、中学校教員の知られざる意識の現状を広く紹介した。一方で本書は、専門性を高めて各執筆者の問題関心に引き寄せながら、部活動を深くえぐることを目指した。手前味噌ながら、各章がとてもオリジナリティの高い内容に仕上がっているのではないかと思う。

なお本書は、けっして部活動を否定するものではないことを、強調しておきたい。むしろ私たちは、部活動は魅力がたっぷりであると信じている。そこに制度の手が及ばないことで、魅力が過熱に転じ、またそこにさまざまな課題が積み重なっているのだ。ネグレクトされてきた領域に研究の目を向けることで、教員も生徒も健全に活動できるような仕組みづくりを考えていきたい。

調査の概要

・調査期間

二〇一七年一一～一二月。一部地域・学校については、回収を一月まで延期。

・調査対象と回収率

調査対象は、全国二二都道府県の計二八四校の公立中学校に勤務する全教職員計八一一二名。うち二二一校(七七・八%)から回答があり、回収した個票の総数は三九八二票(四九・一%)である。調査対象となった都道府県は、北海道、岩手県、秋田県、山形県、茨城県、千葉県、東京都、神奈川県、新潟県、石川県、山梨県、静岡県、大阪府、兵庫県、奈良県、岡山県、広島県、徳島県、福岡県、佐賀県、大分県、沖縄県。

・サンプリングの方法と調査依頼の手続き

調査の実施に際しては、回収率を高めるために、基本的に次のようなサンプリングの方法並びに調査依頼の手続きをとった。

(1)市区町村教育委員会には文書と電話にて調査への協力(中学校長への依頼)を要請した。

(2)各校の回収数を増やすために、日本教職員組合(全国の加入率は二二・九%)の協力を得た。

(3)(2)を踏まえ、調査対象とする都道府県は同組合の加入率が比較的高い地域を優先した。

(4)質問紙は名古屋大学から各中学校に直接送付し、約四週間後に名古屋大学に学校単位で直接返送してもらった。

また、調査対象校・対象者の偏りを小さくするため、次の手段をとった。

(1)できるだけ多くの都道府県を選定した。

(2)都道府県間の学校数・教員数の違いに配慮した。学校基本調査の結果から都道府県別の教員数を求めて、その数に応じた調査目標の三〇〇校を比例的に割り振った。

(3)調査対象校の学校規模が偏らないように配慮した。『二〇一七年版　全国学校総覧』に掲載された各学校の生徒数から、各都道府県の学校規模の分布を調べ、その分布に応じて各都道府県の学校規模ごとの抽出校数を決定した。

(4)各校の教職員全員に質問紙を配布し、回答者が特定の立場の教職員に偏らないようにした。

・分析の対象

本書では、部活動指導を含む働き方に焦点を絞るため、原則として分析の対象は「教諭」(二七八七名)と「主幹教諭」(二一〇名)、「常勤講師」(二八五名)の計三一八二名に限定した(本書では「教員」と総称する)。三者のほとんどが部活動指導に割り当てられている(教諭:九四・八%、主幹教諭:九四・五%、常勤講師:九〇・九%)。分析の際には、原則として無回答や欠損値を省くこととした。

実際に回答した教員の属性(性別・年齢)の分布は、文部科学省による全国調査のそれと類似しており、回答者の偏りをある程度回避できたと言える(次頁を参照)。

なお、本調査は、名古屋大学大学院教育発達科学研究科研究倫理委員会の承認を受けて実施されたもので

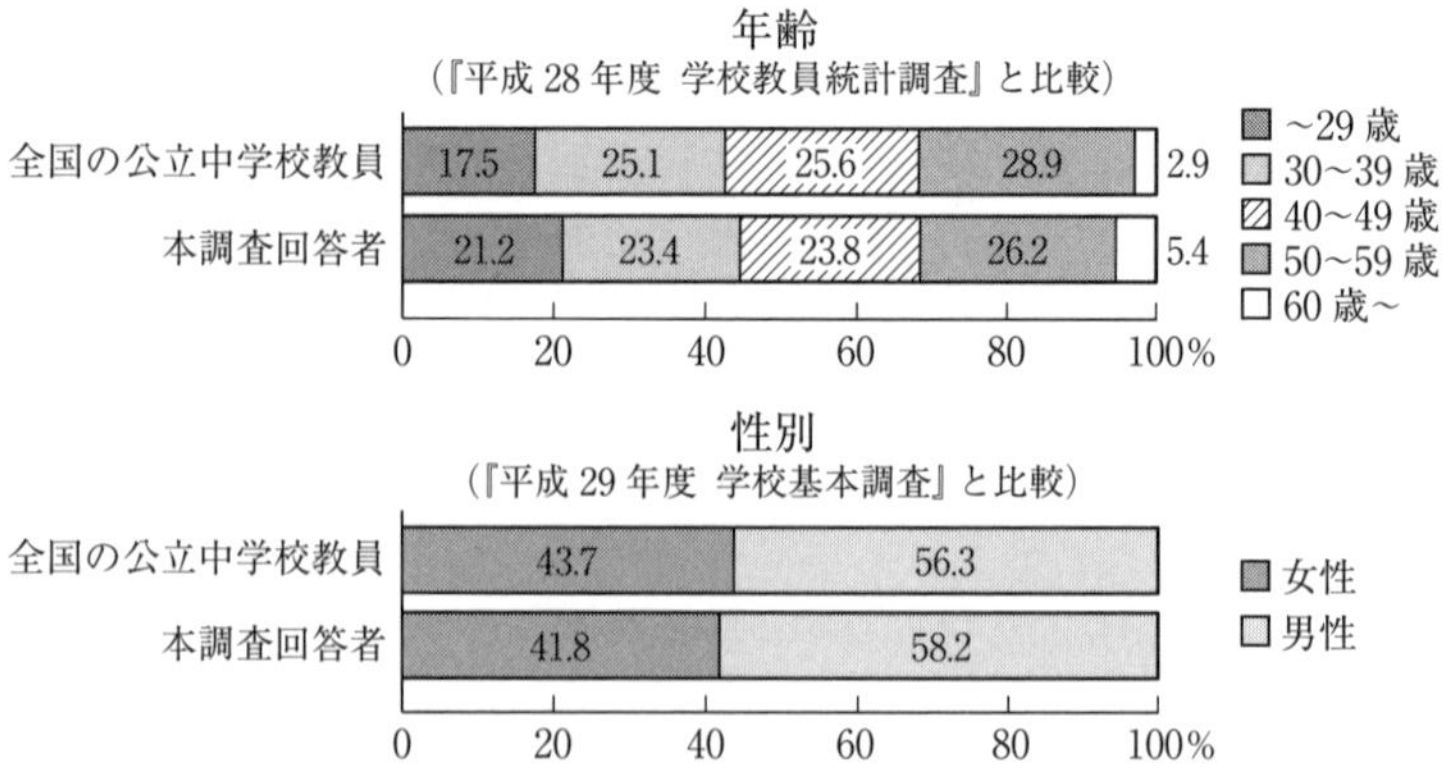

調査対象者における属性の分布を全国調査と比較

あり、また本書は、日本教職員組合寄付金（課題名：「部活動のあり方に関する意識調査」、研究代表者：内田良）ならびに科学研究費補助金・基盤研究Ｃ（課題名：「学校のスポーツ活動における負傷事故の分析：根拠に基づく実態の解明と安全対策の推進」、課題番号：16K01659、研究代表者：内田良）による研究成果の一部である。

目次

第二章　部活動問題はどのように語られてきたのか
――「子どものため」の部活動という論理

第三章　なぜ部活動指導に熱中するのか
――年代別多忙化メカニズムの検討

第四章 教員のジェンダー・家族構成は部活動にどのような影響を与えるのか

第七章 地域によって部活動は変わるのか

第八章　部活動は安全か
――熱中症事案が映し出す「制度設計なき教育活動」の重大リスク

装丁　水戸部功

第一章

部活動はどう変わってきたのか
――学習指導要領上の位置づけを中心に

Keywords▶ 教育課程
必修クラブ
運動部加入率の推移

1 教育課程外の活動としての部活動

(1) 部活動は教育課程内？ 教育課程外？

近年、部活動の強制的なあり方に注目が集まっている。生徒の部活動への加入が義務付けられたり、暗黙のうちに部活動への参加が強く求められたりすることがある。また教師の側も、私生活や授業準備の時間を犠牲にして部活動に関わることを求められたり、経験したことのない競技の顧問を担わされることがある。そうした部活動の強制的なあり方に対し、異議申し立てがなされてきた。「部活問題対策プロジェクト」が実施した、教員の顧問担当の選択権を求める署名活動では、四万人余りの賛同を得ている。また、同プロジェクトによる生徒の部活動への自由参加を求める署名でも、一万五〇〇〇人余りが賛同している(いずれも二〇二一年二月時点)。

こうした異議申し立ての背景の一つには、学習指導要領上の部活動の位置づけがある。学習指導要領は、国が示す教育課程編成の基準である。教育課程とは、各学校が定める、教科の時間配当や特別活動の内容等に関する総合的な教育計画のことを意味する。学習指導要領は、各学校が教育課程を編成する際の基準となる。その学習指導要領で、部活動は教育課程外の活動であり、「自主的・自発的参加により行われる」とされている。つまり国の基準では、部活動は必ずしも実施しなくてもよいものなのである。

こうした事実は、部活動問題に関心を持つ方であればすでに常識となっているかもしれない。しかし、教員全体としては、まだ十分に知れ渡っているとは言い難い。図1-1はわれわれの調査における、「あなたは、現行の中学校学習指導要領において部活動がどのように位置づけられていると思いますか」という質問に対する教員の回答をまとめたものである。全体でみると、五六・六%が部活動は「教育課程外」と正しく答えている。しかし、「教育課程内」「記述はない」「わからない」と回答した教員も合わせて四三・四%いる。半数近くが、部活動の学習指導要領上の位置づけを正しく把握していないのである。さらに、この傾向は二〇代の教員で著しい。

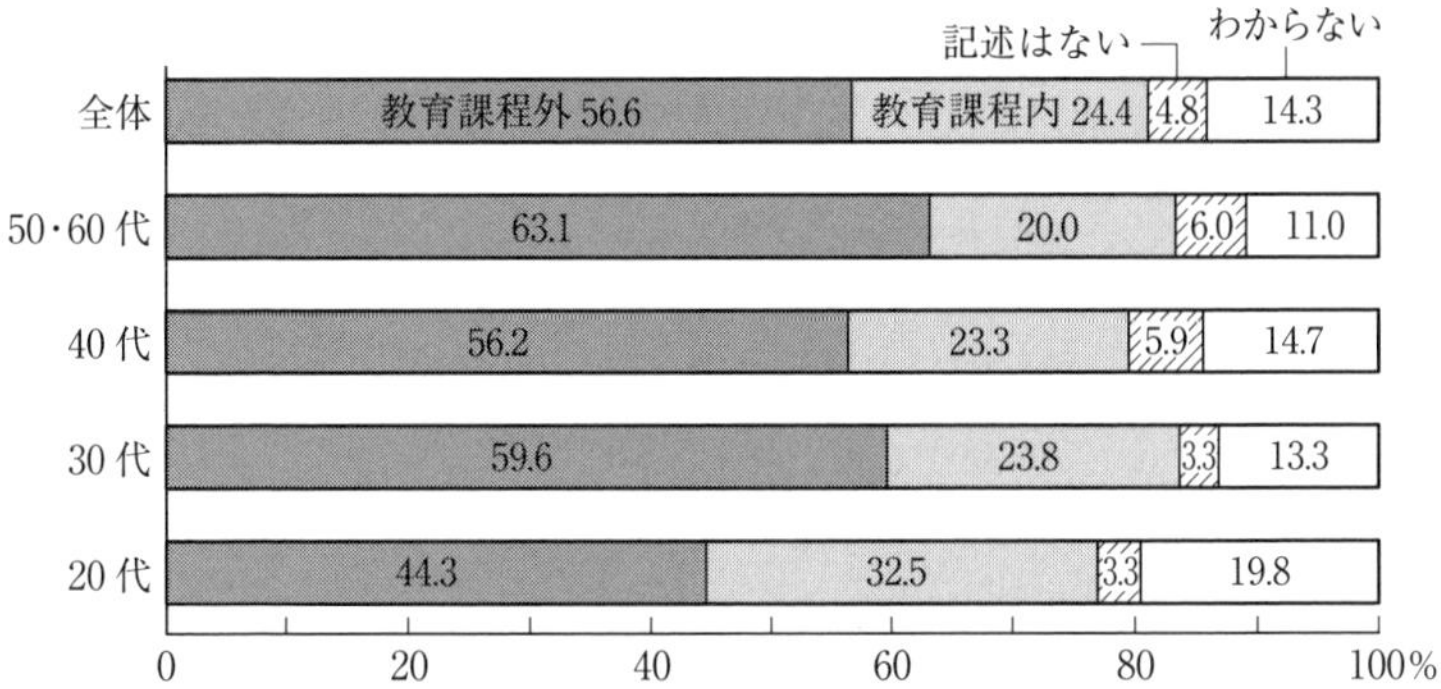

図 1-1 「現行の中学校学習指導要領において部活動がどのように位置づけられていると思いますか」への回答

この現状は、部活動改革を進めていくためにおおいに問題となる。なぜならば、部活動に関する様々な問題は、教育課程上の位置づけが不明確なことに端を発しているからである。部活動は「学校教育の一環でありながらも、学習指導要領上は「自主的」な活動に位置づけられているために、その具体的なあり方が何も強制されていない」(内田二〇一七、四二頁)。そのような無規制状態が、教員の部活動への関与への歯止めをなくし、安全上の問題が放置される事態をもたらしてきた。部活動が教育課程外の活動であるという事実を認識することは、部活動問題を理解するためのポイントとなる。

そこで本章では、部活動の学習指導要領上の位置づけの変化を整理する。学習指導要領の中で部活動がどう位置づけられ、どのようにして教育課程外の活動になったのかをみていきたい。

表1-1　部活動の学習指導要領上の位置づけの変遷

改訂年／完全実施年		教育課程内	教育課程外
中：1947／1947 （高：1947／1948）[1]		自由研究 （クラブ活動）	
中・高：1951／1951		クラブ活動	
中：1958／1962 高：1960／1963[2]		クラブ活動	
中：1969／1972 高：1970／1973[2]		必修クラブ	部活動
中：1977／1981 高：1978／1982[2]		必修クラブ	部活動
中：1989／1993 高：1989／1994[2]	(1990)[3] (1990)[3]	必修クラブ	部活動 （代替措置）
中：1998／2002 高：1999／2003[2]	(2000)[3] (2000)[3]		部活動
中：2008／2012 高：2009／2013[2]			部活動
中：2017／2021 高：2018／2022[2]			部活動

注：1）小・中の学習指導要領一般編の補遺として通知された「新制高等学校における教科課程に関する件」の公表・実施年.
2）学年進行で実施.
3）移行措置により，特別活動は完全実施よりも前倒しで実施.

(2) 部活動の学習指導要領上の位置づけの変化

あらかじめ、学習指導要領上の部活動の位置づけの変化の概要を確認しておこう。表1－1に、学習指導要領における部活動の位置づけの変化を整理した。戦後に初めて設けられた一九四七年学習指導要領（試案）以降は、教育課程内の活動として「クラブ活動」が設けられていた。ただし後述のように、その性格は学習指導要領の改訂とともにたびたび変わっていた。また教育課程に位置づけられたとはいえ、全ての生徒が参加することを求めるものではなかった。

その後、一九六九年、一九七〇年の学習指導要領改訂で大きな変化があった。このとき、全ての生徒が参加する「必修クラブ」が導入され、従来から行われていたクラブ活動は「部活動」と呼ばれ、教育課程外の活動として行われるようになった。これ以降一九九九年度までの三〇年ほどの間、必修クラブと部活動が併存していた。ただしこの時期には、必修クラブと部活動が一体的に運用されることも多かった。部活動は必修クラブを通じて教育課程と結びついていたといえる。

さらに一九九八・一九九九年の学習指導要領改訂において、今日につながる転換があった。必修クラブが廃止されたのである。一九九九年度を最後に必修クラブが廃止されたことで、部活動の学習指導要領とのつながりは絶たれ、教育課程外の活動であることがより明確になった。

本章では、このような学習指導要領上の変更がどのような意図で進められたのかを詳しく見ていく。

(3) 部活動参加者の規模の変化

学習指導要領上の位置づけの変更を見る前に、中高生の部活動への参加状況の変化にも触れておこう。中澤(二〇一四)は文部(科学)省の行った全国調査を整理して、中学・高校ともに運動部加入率が上昇してきたことを指摘している。ただし、文部(科学)省の調査は不定期で、また調査方法も変わっているため、運動部加入率の推移を見るには限界がある。そこで、中澤の用いたものとは別の調査からも、運動部加入率の変化を確認してみたい。ここでは、日本国内の成人に対して過去や現在のスポーツ経験について調査した、笹川スポーツ財団の調査を使用する(1)。この調

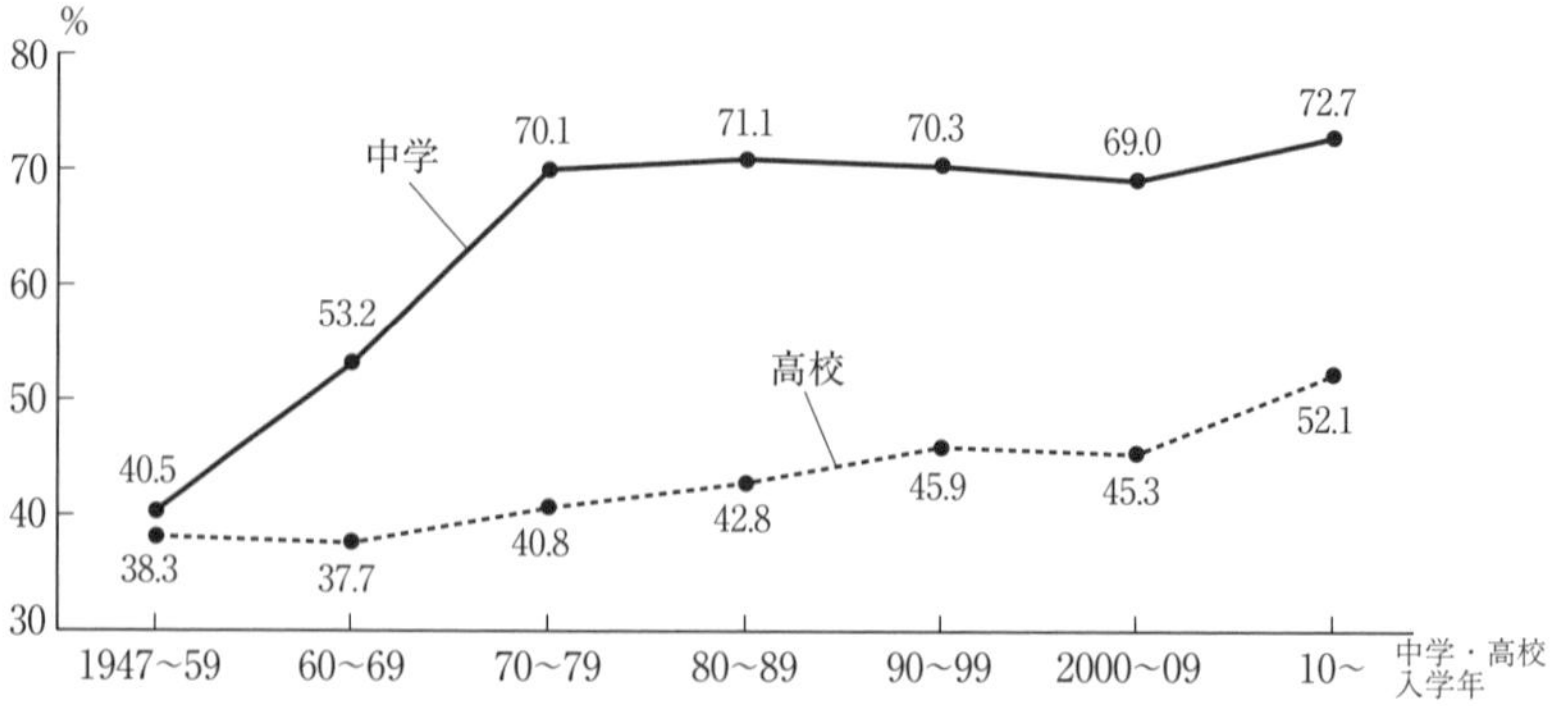

図 1-2　中高生時の運動部参加率の推移

出典：笹川スポーツ財団「スポーツライフに関する調査」2016・2018 合併データより作成(中学：n＝5,973，高校：n＝5,580)．

査は層化二段抽出法を用いた全国調査であり、偏りのない結果を得られる貴重なものである。

図1-2に、同調査により得られたデータから、中学・高校時代の運動部参加率の推移をまとめた。中学校入学年ごとに、中学・高校時の運動部参加率を算出している。これを見ると、一九六〇年代、一九七〇年代に、中学校での運動部参加率が大きく上昇している。戦後初期は四割ほどであったが、一九七〇年代には約七割へと上昇した。その後この規模はほぼ維持され、中学生の多くが運動部に所属する状況が続いている。また高校については、中学ほど劇的ではないものの、一九七〇年代以降徐々に参加率が上昇している。近年では高校生の約半数が運動部に参加するようになっている。

このように、少なくとも今回用いたデータからは、中学校運動部加入率は一九六〇~七〇年代に上昇したのちその規模を維持、高校については戦後時間をかけて今日まで徐々に上昇してきたといえる。それでは、運動部加入率の上昇の背後で、部活動の学習指導要領上の位置づけはどう変化してきたのだろうか。以下で見ていこう。

2 戦後初期のクラブ活動

(1) 校友会の誕生と改編、復活

今日の部活動につながる活動は、明治期の高等教育機関や中等教育機関で始まった。旧制高等学校や旧制中学校などにおいて、「校友会」という名称の組織がつくられ、教育課程外の活動として生徒たちがスポーツや文化活動に親しんだという。しかし戦時体制に入ると、校友会は生徒の勤労動員を目的とした「学校報国団」と呼ばれる組織に組み込まれることとなった(米田一九八七)。

その後終戦を迎えると、校友会活動が急速に復活していく。終戦直後は物資や人材の不足といった困難があったが、主に校友会の伝統が古い中学校において、戦時中の抑圧から解放された生徒たちの自主的な活動としてスポーツ・文化活動が展開される。また文部省(当時)も、学校報国団の解散と校友会の再組織を指示し、公民教育や非行防止の観点からその活動を奨励している(渡辺二〇〇〇)。

なお、戦前の日本の学校教育においては、校友会以外にも多様な教科外活動が実施されていた。山口(二〇一〇)によれば、明治期以降、天皇制国家の国民としてふさわしい心情や態度を育成するための各種行事が盛んに行われていた。また大正期には、生徒の自治活動や学校劇といった、子どもの自主性や創造性などを基盤にした諸活動が生まれている。しかし、「それらの活動の多くは正規の課業、つまり正課の外に置かれた「課外活動」として位置づけられて」いた(山口二〇一〇、二九頁)。

(2) 「自由研究」の登場と廃止

それに対し戦後は、かつて課外で行われていた諸活動を積極的に教育課程に位置づける試みがなされた。その象徴が、一九四七(昭和二二)年の学習指導要領一般編(試案)における、「自由研究」の導入である。クラブ活動は、この自由研究の一環として位置づけられた。この学習指導要領で述べられたことを要約すると、自由研究が設けられた目的は、教科で学ぶ内容をさらに発展させて学びたい児童生徒の要求に応えることにあった。この目的について、次の例があげられている。「たとえば、鉛筆やペンで文字の書き方を習っている児童のなかに、毛筆で文字を書くことに興味を持ち、これを学びたい児童があったとすれば、そういう児童には、自由研究として書道を学ばせ、教師が特に書道について指導するようにしたい。つまり、児童の個性の赴くところに従って、それを伸ばして行くことに、この時間を用いて行きたいのである」(文部省一九四七、一三頁、旧字体は新字体に改めた)。そして、同じ興味を持つ各児童生徒が集まり、教師も一緒になってその学習を進めるためのものとして、クラブ組織が位置づけられた。

ただし、自由研究は長続きしなかった。中学校の場合は早くも一九四九年の通知によって自由研究は特別教育活動に改められ、一九五一年の学習指導要領一般編(試案)で自由研究の廃止が明確に示されている。一九五一年学習指導要領が述べるところによると、自由研究が廃止されたのは、教科の発展的な学習は、各教科の学習の時間内で行うことができるようになり、またそうすることが健全だと判断されたからだという(文部省一九五一)。もっとも、学習指導要領の説明とは別に、自由研究がそもそも現場にうまく浸透していなかったという問題もあった。宮坂(一九五九)は、教科学習の発展という趣旨が現場に浸透せず、教科の補習や単純な延長として実施されてしまったと指摘している。

(3) 自治的活動としての位置づけ

自由研究が廃止された一九五一年学習指導要領における特別教育活動の性格と、そこでのクラブ活動の位置づけはいかなるものだったのか。同学習指導要領によると、特別教育活動は生徒自身の手で計画・組織・実行・評価されるもので、それを通じて民主的生活の方法を学び、公民としての資質を高めることができるという(文部省一九五一)。いわば、「「特別教育活動」は民主主義の原理と生活の方法を学ぶ活動として位置づけられた」のであった(水原二〇一七、一一一頁)。

このような特別教育活動の中で、クラブ活動には次のような意義が指摘されている。「クラブ活動は当然生徒の団体意識を高め、やがてはそれが社会意識となり、よい公民としての資質を養うことになる。また、秩序を維持し、責任を遂行し、自己の権利を主張し、いっそう進歩的な社会をつくる能力を養うこともできる」(文部省一九五一、三六頁)。ここからは、民主主義社会の形成者として生徒を育成する役割がクラブ活動に課せられていたことを読み取ることができる。

なお、そのような役割を果たすため、教師の関与をできるだけ減らし、生徒自身によりクラブ活動を運営することが強調されていた。たとえば、次の記述がある。「生徒は強制されてはいけない。生徒がクラブ活動の中心である。したがって、クラブ組織については、生徒評議会の会議でじゅうぶん討議され、審議されるべきである。教師は指導者となって働いてもよいが、生徒の意見を重んじなければならない」(文部省一九五一、三七頁)。

このように、民主主義社会の形成者を育成するための、生徒の自主的な活動としてクラブ活動が位置づけられていたのである。

3　一九七〇年代以降における必修クラブと部活動の併存

(1)　必修クラブの導入

クラブ活動の位置づけに大きな変化があったのが、一九六九年の中学校学習指導要領改訂、一九七〇年の高校学習指導要領改訂である。この改訂の際に、クラブ活動を全生徒に経験させる必要性が指摘され、限定された形ではあったが実行に移された。すなわち、いわゆる「必修クラブ」が導入され、全生徒が毎週一単位時間、クラブ活動に参加することになったのである。

一九五八年の中学校学習指導要領では、クラブ活動に充てる時数は定められておらず、「年間、学期、月または週ごとに適切な授業時数を配当するようにすることが望ましい」(文部省一九五八、二二頁)とされるにとどまっていた。また「クラブ活動に全校生徒が参加できることは望ましいことであるが、生徒の自発的な参加によってそのような結果が生まれるように指導することがたいせつである」(同上、二七八頁)とも述べられ、全員参加よりも自発的参加が優先されていた。この時期の学習指導要領下では、クラブ活動を行う時間は明確には定められておらず、自発的なクラブ活動への参加が強調されていたといえる。

しかし、一九六九年の中学校学習指導要領、一九七〇年の高校学習指導要領で大きな変更が加えられる。中学校学習指導要領では、「クラブは、学年や学級の所属を離れて共通の興味や関心をもつ生徒をもって組織することをたてまえとし、全生徒が文化的、体育的または生産的な活動を行なうこと」(文部省一九六九、二五〇頁)と、全生徒の参加が明確にされている。高校学習指導要領でも週当たり一単位時間をクラブ活動に充てるべきことが明示され、さらに全生徒が参加することが明記された。この変化は、「旧来の自発的参加を原則とする考え方から、全員参加を原則とする考え方へと、大きく原則の変更が行われた」(井上一九七二、三九頁)ことを意味している。

ただし、このように必修クラブの実施が決まったものの、従来から行われていたクラブ活動に生徒全員が参加するようになったというわけではない。週一回一時間という限られた時間での活動であり、かつ施設設備や指導者の人員も限られていることから、従来のクラブ活動を全て必修クラブに移行するのは現実的ではなかった。そのため、従来から行われていたクラブ活動も、「部活動」と呼称を変え、教育課程外の活動として維持された。これ以降、授業時間内でのみ行われる必修クラブと、授業時間外に行われる部活動の二つが併存するようになる。

また、必修クラブには原理的な課題があった。課題放課後に自主的に行われる部活動に対して、必修クラブは文字通り「必修」であり、全生徒が必ず参加することが求められる。クラブ活動は生徒の自発的な活動だと考えるとすれば、必修クラブはその理念から乖離することになる。そのため当時の文部省視学官飯田芳郎は、「もし、「本来生徒の自発的な意思によって参加し、実施すべきもの」のみをクラブ活動と呼ぶとするならば、これは、むしろ「クラブ活動らしきもの」というべきかもしれない」(飯田一九七三、四頁)と述べている。

(2) 必修クラブの導入を促した背景

このように、必修クラブは本来のクラブ活動の理念から外れ、「クラブ活動らしきもの」と呼ばれうるものであった。そのような不完全な活動であるにもかかわらず、必修クラブの導入に踏み切らなければならなかったのはなぜだったのだろうか。それを理解するためには、一九六〇年代の日本の教育が置かれた状況を押さえる必要がある。

まず、一九五〇年代半ば以降、基礎学力重視の政策が進められていき、学校教育における知的な活動の比重が高まっていった。戦後の学習指導要領は児童生徒の生活や経験に重点を置いた「新教育」の考え方に基づくものであった。その戦後新教育の実践に対して、児童生徒の学力低下をもたらしたとの批判が高まっていき、一九五八年には基礎学力を重視した系統主義的な学習指導要領改訂が行われた。さらに子どもたちの学力への関心の高まりから、文部省は一九五六年から全国学力調査を開始し、都道府県間の点数競争やテスト準備のための教育が行われるようになった(川口二〇二〇)。

加えて、一九六〇年代に高校・大学進学率が上昇し、進学競争が新たな局面を迎えつつあった。久冨(一九九三)は、終戦から一九五九年までを「抑制された競争」の時代、それに続く一九六〇年から一九七四年までを「開かれた競争」の時代だとしている。「抑制された競争」の時代においては、経済的な負担感や進学への消極的意識の存在により、入試競争が抑制されていた。しかし、「開かれた競争」の時代には、入試競争を抑制する要因が取り払われ、「進学競争がほとんどすべての国民諸層に「開かれ」ていった」(久冨一九九三、三六頁)。

一九六九・一九七〇年学習指導要領改訂の背景には、このような知的活動の比重の高まりと、進学競争の拡大があった。それらにより青少年に人間的なゆがみが生じているとみなされ、そこで「調和と統一」ある人間形成が求められたのである。

このとき文部省から諮問を受けて学習指導要領改訂の方針について議論した、教育課程審議会(以下、教課審)の議論の様子を見てみよう。一九六五年六月の文部大臣による小・中学校教育課程改善についての諮問では、検討すべき問題点の一つ目に、「人間形成のうえで調和のとれた教育課程のあり方」があげられた。文部省側からは次のように説明された。「従来学校教育においては、知識、技能にかたよりがちな傾向もみられるので、そのような点を反省し、人間形成のうえで欠けている面、足りない面を強調し、補っていく必要があると思います」(西村一九六五、七頁)。

この改訂の方針から、教課審ではクラブ活動を充実させる必要性が議論されていた。当時の記事では、次のように述べられている。「〔教課審では〕クラブ活動を盛んにして受験準備に片寄りがちな教育にうるおいをもたせようと、クラブ活動を一定時間、学習指導要領に規定するとの考えが強まっている」(『時事通信内外教育版』一九六六年一一月一五日号、八頁より)。

その後実際に中学校学習指導要領でクラブ活動の全員必修が盛り込まれた(2)。その趣旨について、文部省初等中等教育局の奥田真丈は、クラブ活動が生徒の人間性や社会性を育成する意義を持っているとしたうえで、次のように述べている。「しかしながら、現在の中学校におけるクラブ活動の実状をみると教科の学習により大きな比重がかけられ、クラブ活動は一部の熱心な教師のいる学校を除いて、比較的軽視されている傾向にあり、かりにクラブ活動が行われているとしても、その大部分が一部の生徒によるものか、いわゆる選手の養成のための活動のいずれかであって、特に後者の場合にはいろいろな好ましくない問題も生じているようである。このようなありさまでは、中学校教育の全体を考えた場合、生徒の人間形成のうえから大きなマイナスである」(奥田一九七〇)。以上のように、知育への偏重や受験競争の拡大という現状を受け、「人間性」や「社会性」の育成、「人間形成」といった観点から、クラブ活動の必修化が進められたのである。

(3) 必修クラブ・部活動運営の実際

以上の経緯から必修クラブが導入されたのち、中学校では一九七二年、高校では一九七三年から実施されることになった。当時の教育雑誌を見ると、たびたび必修クラブについての特集が組まれており、全国各地の豊富な実践例が紹介されている。現場では必修クラブの実施に相当な努力を傾けていたといえる。

しかし、必修クラブの実施は容易ではなかった。神谷(二〇〇八)によれば、必修クラブのための設備は不足しており、それゆえにクラブ活動と部活動を区別せず同じ活動として行う学校も出てきたという。文部省が一九八四年に行った調査によると、「原則として全員参加」の形で部活動を行った学校が、中学で六一・九%、高校で三二・〇%あった。これにさらに「特定の学年についてのみ全員参加」を合わせると、中学は六二・六%、高校は四二・一%になる(文部省初等中等教育局小学校課一九八五)。中学・高校の多くの学校で、週に一単位時間の必修クラブだけでなく、部活動も全生徒に経験させようとしていたのである。

さらに、平成元年学習指導要領では、「部活動に参加する生徒については、当該部活動への参加により クラブ活動を履修した場合と同様の成果があると認められるときは、部活動への参加をもってクラブ活動の一部又は全部の履修に替えることができる」とされた（文部省一九八九、一二二頁）。すなわち、課外の部活動への参加をもって、必修クラブ活動を履修したとみなすことができるという、いわゆる「部活代替措置」が設けられたのである。文部省が一九九五年に行った調査から計算すると、全国の中学校の六九・二％、高校の四六・三％が、必修クラブの一部または全部を部活動で代替していた（文部省初等中等教育局一九九七）。以上のように、一九六〇年代の議論を経て一九七〇年代にクラブ活動が必修化されて以降、部活動は教育課程外の活動ながらも、必修クラブを通じて教育課程に結び付けられていたのであった。

4 二〇〇〇年代以降の部活動

(1) 必修クラブの廃止

必修クラブが導入されて三〇年ほどが経った一九九〇年代末に、再び大きな変化が訪れる。一九九九年学習指導要領でクラブ活動に関する記述がなくなり、必修クラブが廃止されることにな

表 1-2　必修クラブ廃止前後の全員加入制の変化

	中学		高校	
	1996	2001	1996	2001
希望者だけが入部することになっている	38.1	74.6	77.6	86.3
原則として全員入部であり，その部の活動の全てに参加することになっている	53.5	21.8	16.9	9.4
原則として全員入部であるが，その部の活動の一部にだけ参加すればよいことになっている	6.4	2.1	4.7	2.7
無回答	2.0	1.5	0.9	1.6
合計	100.0	100.0	100.0	100.0
(n)	10,416	9,985	11,625	10,803

出典：中学生・高校生のスポーツ活動に関する調査研究協力者会議(1997)，運動部活動の実態に関する調査研究協力者会議(2002)から作成．なお，生徒対象の質問紙調査の結果である．

表 1-3　必修クラブ廃止前後の部活動参加率の変化

	中学		高校	
	1996	2001	1996	2001
運動部	73.4	72.6	48.6	51.8
文化部	17.0	16.8	21.8	19.0
運動部＋文化部	90.3	89.4	70.4	70.8

出典：同上．

ったのである。なおこの時の改訂には移行期間の特別措置が設けられ、特別活動は二〇〇〇年度から新学習指導要領に基づいて実施することとされた（文部省一九九九b）。そのため、必修クラブは二〇〇〇年度以降廃止されることとなった。こうして必修クラブと部活動の二つが併存する時代は終わり、教育課程外の部活動だけが残された。

一九九八・一九九九年学習指導要領改訂には、学校週五日制の完全実施に伴う授業時数の削減と、「総合的な学習の時間」を導入するための時数確保という課題があった。文部省の解説では、この改訂における課題が完全学校週五日制に向けての教育内容の厳選にあったことが示されつつ、次のように述べられている。

「クラブ活動については、それとほぼ同じ特質や意義をもつ教育活動として、放課後等における部活動が従来から広く行われていた。（中略）また一方、地域の青少年団体やスポーツクラブなどに参加し、活動する生徒も増えつつある」（文部省一九九九a、三頁）。そうした状況を踏まえて、必修クラブの廃止が決まったという。

必修クラブの廃止は、部活動にとって重要な意味を持つ。それまで必修クラブを通じて学習指導要領とつながっていた部活動が、そのつながりを失うことになったからである。そのため当時は、学習指導要領上の位置づけを失った部活動の存続が危惧されることもあった。

それでは、部活動の実態に変化はあったのだろうか。学習指導要領の改訂をはさんで文部（科学）省が一九九六年と二〇〇一年に実施した調査から、改訂前後の状況を比較してみよう。表1－2は、学校の方針として全員加入制をとっているかを調査した結果である。改訂後に必修クラブが廃止された後は、中学、高校ともに全員入部が減少し、希望者参加が増加している。とくに中学で顕著である。しかし、生徒の部活動への参加実態には、ほとんど変化がなかった。表1－3は、改訂前後の部活動参加率の変化をまとめたものである。中学、高校ともに、運動部や文化部に参加する生徒の割合の変化は数％程度にとどまっている。必修クラブが廃止されたのちも、中高生たちはほとんど変わらず部活動に参加し続けたのである。

(2) 部活動が維持されているのはなぜか

学習指導要領上の位置づけの不明瞭さにもかかわらず、部活動が維持されてきた背景として、神谷(二〇一六)は学習指導要領以外の次のような教育制度の存在を指摘している。まず、生徒の評価に関わる制度があげられる。生徒の評価を記載する指導要録は、たびたび様式は変化しながらも、部活動に関する評価が記載できるようになっていた。次に、部活動の公的な大会・試合の存在も大きい。戦後初期の段階で文部省は大会・試合を小規模なものに規制していたが、徐々に全国的な大会も可能なように緩和していった。それら大会の成績は高校や大学の入試と結びつき、学校は部活動を簡単に手放せなくなった。さらには教員採用制度においても部活動は重視されてきた。多くの自治体の選考試験で、部活動の経験や競技成績が選考の際に用いられている。

また制度的な側面だけでなく、教員や保護者の関わり方も部活動の維持にとって不可欠の要因である。中澤(二〇一四)は、必修クラブが廃止された直後の二〇〇二年から中学校でのフィールドワークを行っている。その事例校では、必修クラブならびにその部活代替措置がなくなったことで、部活動が教師の職務かどうかがいっそうあいまいになっていたという。しかし、保護者からの強い要求があり、部活動を縮小・解体することはできなかった。ただし、学校側は保護者の要求を一方的に呑み込むのではなく、説明会を開き部活動維持に向けての努力を保護者に伝え、支援を呼び掛けていた。そして、部費・設備等の管理といった運営面や指導面での支援を実際に保護者から受けられた場合には、部活動を存続させることができたとされている。

また、顧問を務める教師の個人的な意識や行動も、部活動の維持にかかわる重要な要因である。

中澤は部活動に積極的な顧問教師と消極的な顧問教師を分けて考察している。積極的な教師は部活動に強く関与しながらも大きな負担を感じていない。しかしそのような教師も、指導上の様々な困難を経験している。それでも部活動に積極的に関与できるのは、指導上の困難が教育的に意義のあるものと意味づけられているからだという。しかし、積極的な教師だけでなく、苦悩や葛藤を抱えながら消極的に部活動に関与する教師もいる。彼らは、「生徒の希望や願いに応えようとする態度」、「管理職や他の同僚教師からの説得や圧力」、職場環境における「教育目標や校務分掌、そして人事のあり方」(中澤二〇一四、三二一頁)といった文脈があることで、苦悩や葛藤を抱えながらも部活動に関わり続けているのだと分析されている。教師たちは、経験する困難を肯定的に意味づけ直したり、個々の教師の置かれた環境や文脈に動かされたりすることで、部活動を今日まで維持してきたのだと考えられる。なお、今日の教員たちが部活動への関与を強めるメカニズムについては、本書第三章でも詳述されるので参照されたい。

5 おわりに

本章では、部活動の学習指導要領上の位置づけの変化をたどってきた。戦後初期には、たびたび性格に変化があったものの、クラブ活動を教育課程に位置づけようと試みられてきた。しかし、一九七〇年代の必修クラブ導入、二〇〇〇年代以降の必修クラブ廃止を経て、部活動は教育課程上の位置づけが不明瞭なものになっていった。二〇〇七年中学校学習指導要領では部活動への言及が見られるが、次のように述べられているに過ぎない。

「生徒の自主的、自発的な参加により行われる部活動については、スポーツや文化及び科学等に親しませ、学習意欲の向上や責任感、連帯感の涵養等に資するものであり、学校教育の一環として、教育課程との関連が図られるよう留意すること。その際、地域や学校の実態に応じ、地域の人々の協力、社会教育施設や社会教育関係団体等の各種団体との連携などの運営上の工夫を行うようにすること」(文部科学省二〇〇七)

ここでは部活動は「学校教育の一環」とされる一方で、「生徒の自主的、自発的な参加により行われる」とされる。教育課程との関連や関係施設・団体との連携の必要性が指摘されているが、部活動の活動内容や時間などの具体的なあり方について、ほとんど語られていない。各教科については具体的な時数や内容の基準が示されているのに比べると、部活動の特殊さがわかる。なお、二〇一七年・二〇一八年改訂学習指導要領でも、部活動はこれに近い仕方で言及されるのみであった。

この不明瞭さが有する問題については、本書の別の章でも言及される(特に第八章)。この章ではとくに教育課程とのかかわりでひとこと述べて終わりとしたい。部活動の存在は、生徒の日々の学習活動にも影響を及ぼしている。たとえば山村ほか(二〇一九)は、高校生たちへの繰り返し調査から、部活動参加頻度が生徒の学校外学習時間に多大な影響をもたらしていることを指摘している。また加藤(二〇二〇)では、一九八〇年代に比べ近年の高校生は部活動等により学校に拘束される時間が増えた結果、自由に使える時間が減少し、放課後の学習時間の確保が難しくなっていることが明らかにされている。

このような生徒の学習活動とのかかわりを考えると、教育課程と部活動の関連をどのように考えるのかという問題は、やはり避けては通れないのではないかと思われる。学習指導要領のレベルでの議論のほか、学校レベルでも部活動のあり方をふまえた教育課程編成が求められよう。

付記

本章の執筆にあたり、笹川スポーツ財団より「スポーツライフに関する調査二〇一六」および「スポーツライフに関する調査二〇一八」の個票データの提供を受けました。記して感謝申し上げます。

注

(1) 調査方法等については、笹川スポーツ財団(二〇一六、二〇一八)を参照。

(2) ただし、教課審の答申ではクラブ活動の必修化は明示されておらず、その充実の必要性が指摘されるのみであった。必修化が盛り込まれたのは、新学習指導要領が公示される段階である。文部省は答申後に新指導要領の案を公表し、教育関係団体への意見を募っている。その意見を反映させてクラブの必修化を新指導要領に盛り込んだようである。

参考文献

飯田芳郎、一九七三、「必修化の意義は極めて大きい——新しいクラブ活動の展望(上)性格論を中心として」『内外教育』二五〇七、二～六頁
井上治郎、一九七二、「学習指導要領の改訂と各教科以外の教育活動」吉本二郎編『高等学校学習指導要領の展開——各教科以外の教育活動編』明治図書出版、一九～四九頁
加藤一晃、二〇二〇、「一九八〇年代以降高校生の学習時間変容と「学校化」——学校内活動(授業・部活動)の拡大に注目して」『子ども社会研究』二六、八九～一一〇頁
神谷拓、二〇〇八、「必修クラブ実践の検討——特に運動クラブに注目して」『岐阜経済大学論集』四一(三)、五七～七九頁
神谷拓、二〇一六、「運動部活動の教育制度史」友添秀則編『運動部活動の理論と実践』大修館書店、六九～八二頁
川口俊明、二〇二〇、『全国学力テストはなぜ失敗したのか——学力調査を科学する』岩波書店
久冨善之、一九九三、『競争の教育——なぜ受験競争はかくも激化するのか』労働旬報社
水原克敏、二〇一七、『学習指導要領は国民形成の設計書——その能力観と人間像の歴史的変遷 増補改訂版』東北大学出版会
宮坂哲史、一九五九、『新訂特別教育活動』明治図書出版
文部科学省、二〇〇七、『中学校学習指導要領』東山書房
文部省、一九四七、『学習指導要領一般編(試案)』大阪書籍
文部省、一九五一、『学習指導要領一般編(試案)』明治図書出版
文部省、一九五八、『中学校学習指導要領』大蔵省印刷局

文部省、一九六九、『中学校学習指導要領』明治図書出版
文部省、一九七〇、『高等学校学習指導要領』大蔵省印刷局
文部省、一九八九、『中学校学習指導要領』大蔵省印刷局
文部省、一九九九a、『中学校学習指導要領(平成一〇年一二月)解説特別活動編』ぎょうせい
文部省、一九九九b、「中学校及び高等学校等の移行措置について」『中等教育資料』七三八、七二〜九九頁
文部省初等中等教育局、一九九七、『特別活動実施状況調査報告書』
文部省初等中等教育局小学校課、一九八五、「公立小・中・高等学校特別活動の実施状況に関する調査結果の概要」『教育委員会月報』三七(七)、三九〜五九頁
中澤篤史、二〇一四、『運動部活動の戦後と現在――なぜスポーツは学校教育に結び付けられるのか』青弓社
西村勝巳、一九六五、「小・中学校の教育課程の改善について」『教育委員会月報』一七九、四〜一一頁
奥田真丈、一九七〇、「中学校におけるクラブ活動」『教育委員会月報』昭和四五年一一月号、一一〜一七頁
笹川スポーツ財団、二〇一六、『スポーツライフ・データ二〇一六――スポーツライフに関する調査報告書』笹川スポーツ財団
笹川スポーツ財団、二〇一八、『スポーツライフ・データ二〇一八――スポーツライフに関する調査報告書』笹川スポーツ財団
中学生・高校生のスポーツ活動に関する調査研究協力者会議、一九九七、『運動部活動の在り方に関する調査研究報告書』
内田良、二〇一七、『ブラック部活動――子どもと先生の苦しみに向き合う』東洋館出版社
運動部活動の実態に関する調査研究協力者会議、二〇〇二、『運動部活動の実態に関する調査研究報告書』
渡辺誠三、二〇〇〇、「中等学校の部活動に関する研究――第二次世界大戦終了直後における部活動の復活を中心として」『小樽短期大学研究紀要』二九、八七〜一一七頁
山口満、二〇一〇、「特別活動の歴史的変遷」山口満・安井一郎編『改訂新版特別活動と人間形成』学文社、

二六〜四八頁
山村滋・濱中淳子・立脇洋介、二〇一九、『大学入試改革は高校生の学習行動を変えるか――首都圏10校パネル調査による実証分析』ミネルヴァ書房
米田俊彦、一九八七、「中等諸学校」寺崎昌男・戦時下教育研究会編『総力戦体制と教育――皇国民「錬成」の理念と実践』東京大学出版会、一一九〜一四一頁

第一章のポイント

▼戦後、教科学習の発展や自治的活動の場としてクラブ活動が位置づけられ、今日の部活動の源流の一つとなった。

▼一九六〇年代末、知育偏重や進学競争の激化から必修クラブが導入され、部活動も教育課程外で併存された。

▼二〇〇〇年代以降必修クラブが廃止されたが、部活動の高い参加率は現在まで続いている。

第二章

部活動問題はどのように語られてきたのか

――「子どものため」の部活動という論理

Keywords▶ 学校週五日制
体罰
働き方改革

1 繰り返される部活動問題

手始めに、次の二つの新聞記事を見てみよう。これらは、いずれも『朝日新聞』の記事である。いったい、いつ頃に公開されたものだろうか。

①「変わる部活動　地域とのつながりを重視」

この二十年来、特に中学校のスポーツ関係の部活動のありかたが問われてきた。部活動には、生徒同士のきずなを深め、スポーツの楽しさに触れるというプラス面がある。その反面、勝利至上主義など過熱にともなうマイナス面も目立つ。改善はなかなか進まなかったが、最近になって、ようやく行政サイドから動きが出はじめた。……文部省の全国調査によると、中学、高校の運動部員の七割以上が週に六日以上活動し、三割が疲れを感じている。部活動見直しの中では、こうした練習漬けの風潮に歯止めをかけることと並び、学校の垣根を低くし、外部指導員などの力を借りることが打ち出されている。……私生活を犠牲にしてまで打ち込む姿を疑問視する先生も多い。

②「「週二日は部活休み」広がる」

スポーツ庁は三月、中学校の運動部活動の総合的なガイドラインを示し、「週二日以上の休養日(土日は一日以上)」を基準と明記。時期は明記していないが、速やかに改革に取り組むよう求めている。二〇年前にも文部省(当時)が「週二日の休み」を求めたが、定着しなかった。……同庁は「平日二時間、休日三時間程度」といった時間の上限も示した。けがなど長時間練習による弊害を抑制し、生涯にわたりスポーツを楽しむことを重視。教員の長時間勤務の解消などの観点も一部触れられている。文化部については文化庁が同様のガイドライン策定を検討しているが、先取りして始めた例もある。

①では部活動のプラス面を認めつつも、そのマイナス面に重きが置かれている。そして、「文部省の全国調査」から部活動の「練習漬け」を問題視し、「外部指導員」の導入が打ち出されている。

また、②では「スポーツ庁」における「ガイドライン」から、その策定経緯と理由が述べられている。部活動の長時間化が子どものけがや教員の長時間勤務につながることが指摘され、運動部のみならず文化部でも同様の抑制政策が実施される見込みだと述べられている。

これらの記事は、部活動の問題を指摘する根拠および論理の点で似通っている。では、いったいいつ頃の記事なのだろうか。

答えは、①が一九九七年二月二四日、②が二〇一八年七月一日である。これら二つの記事には二〇年以上の開きがある。この事実をみなさんはどのように考えるだろうか？

二つの記事に共通するワードとして「二〇年」がある。まず、①では、「この二十年来、特に中学校のスポーツ関係の部活動のありかたが問われてきた」と述べられている。つまり、一九七〇年代後半には、すでに部活動を問題化するまなざしが存在していたと考えられる。

一方②では、「二〇年前にも文部省(当時)が「週二日の休み」を求めたが、定着しなかった」とある。これは、①の時代背景とも重なっており、ゆとり教育の導入に伴って進められた学校週五日制との兼ね合いで、休日の部活動の是非が問われたのである。

昨今の働き方改革において、読者の中には「なぜ部活動は急に悪者扱いされるようになったのか」と思われた方もいるかもしれない。しかし、二つの記事からは、少なくとも学校教育における部活動の問題は、すでに一九七〇年代後半には認識されていたことがわかる。にもかかわらず、それらの問題は解決されずに、二〇年、また二〇年と現在まで至っているのである。

このように、部活動言説に光を当てると多くのことが浮かび上がってくる。しかし、部活動を扱った先行研究のほとんどが、部活動の実態的側面に焦点を当てており(1)、部活動の語られ方や問題化のされ方については十分な検討を行ってこなかった(2)。したがって、部活動の実態面における改革が着々と進められつつある今、少し立ち止まって、私たちが部活動の何を問題と捉え、それをどのように語ってきたのか振り返っておくことは重要だと思われる。そして、この作業は部活動を問題化する私たちのまなざしの特徴をも浮かび上がらせるだろう。以上の問題関心から、本章では部活動について取り上げた新聞記事を資料として、部活動問題へのまなざしを探求する。

2　どのように部活動へのまなざしを分析するか？——資料と方法

本章では、『朝日新聞』の記事を対象に、「部活動」について人々が何を語ってきたのかを検討する。新聞記事を対象としたのは、他のメディアよりも広範に読まれているため、そこに掲載された記事や人々の意見は、ある程度社会的に受容された内容として想定できるためである。また、部活動に対する人々のまなざしを通時的に捉えることも可能である。『朝日新聞』を対象としたのは、記事データベースが充実しており、他誌と比較しても記事の抽出が容易だからだ。なお、本章は『朝日新聞』のみを対象とした分析であり、日本社会全体における部活動に関する人々の意識を網羅的に捉えたものではない。しかし、これまで、部活動をめぐって交わされてきた意見や議論を俯瞰し、その特徴を捉えようとする試みは行われていないため、部活動に対する人々の意識の大まかな見取り図を描き出す点で、本章の作業には重要な意義があると考える。

対象資料の選定は、朝日新聞記事データベース「聞蔵Ⅱビジュアル」を用いて次のように行った。まず、二〇二〇年七月三一日までの期間を対象に、見出しに「部活」の語が入った全国面の記事を抽出した。続いて、これらすべての記事を一つずつ検討し、重複する記事や「企業部活」のように学校以外の場での「部活」を対象としたものを除いた。以上の手続きにより抽出された八〇八件の記事を分析の対象とする（二〇二〇年分は最新動向の把握としてのみ用いている）。

以下の分析では、部活動を問題化／正当化する語りの「前提」（問題の性質に関する陳述）・「論拠」（行動を正当化するもの）・「結論」（どのような行動がなされるべきかの説明）に注目しながら（Best 2017＝二〇二〇：四九頁）、部活動問題へのまなざしの特徴を分析する。また、その際には大まかな時代の変化を把握するために、対象記事を内容別に次のように分類した。(3)

まず、対象記事すべてに目を通し、筆者二人が各記事に一〜三つ程度のキーワードを付した。その後、各々が付したキーワードをもとに、各記事を次の六つのカテゴリーに分けた。

①「事件・事故」：部活動において発生した体罰やいじめ、熱中症などに関連する記事

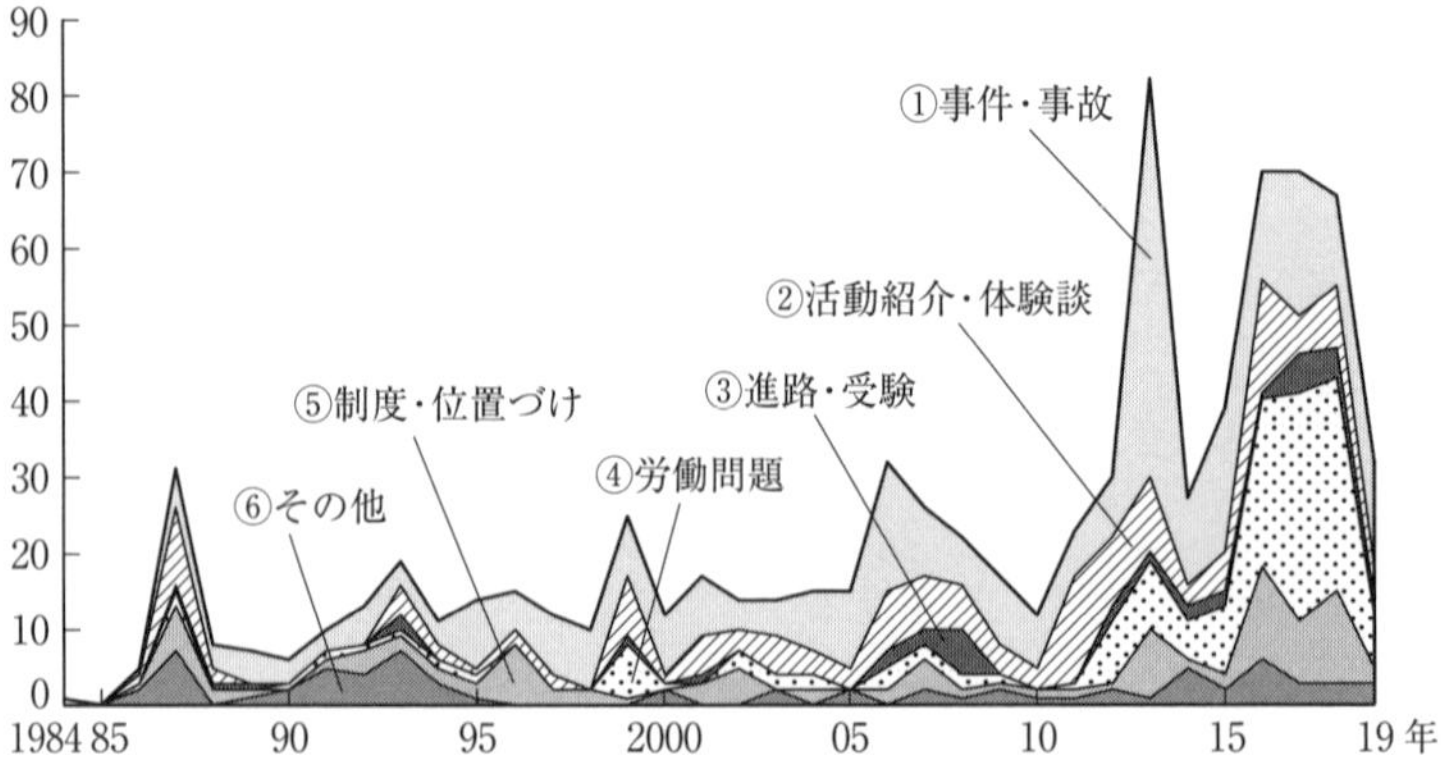

図2-1　内容別にみた部活動関連記事件数の推移

②「活動紹介・体験談」：子ども本人や親の立場から部活動の経験を語る記事や各学校の実践や活動を紹介する記事

③「進路・受験」：推薦入試や越境入学、学力との両立を中心的に取り上げている記事

④「労働問題」：部活動の長時間化や教員の多忙化に言及している記事

⑤「制度・位置づけ」：部活動の制度設計やあり方を問う記事のうち、「事件・事故」や「労働問題」には含まれない記事

⑥「その他」：①から⑤に分類されない記事（単純な調査報告など）

以上で分類した記事について、その推移を年代別に示したものが図2-1である。次節では、図2-1を踏まえて、部活動がそれぞれの年代にどのように語られたのかを、特に部活動を問題化／正当化する記事内容に注目して検討する。なお、投書記事を引用する際は、発行年

月日に加えて、把握可能な範囲で記事の発言者に関する情報を記載する。

3 部活動はいかに語られてきたのか?

(1) 一九八〇年代——非行防止としての部活動

一九八〇年代から一九九〇年代前半ごろまで、部活動に関する記事は毎年一〇件程度で推移している(図2-1)。一九八七年に記事総数が増加しているのは、「部活動」をテーマとした連載記事が掲載されたからである。全体的に記事総数は少ないものの、これらの記事には昨今の部活動改革と問題意識を共有するものもみられ、例えば、一九八六年には「「部活」の功罪を考える」という見出しの社説が掲載されている(一九八六年九月二八日)。同記事は小学生が部活動中に熱射病で倒れ死亡した事件を議論の前提として、教育課程外である部活動の位置づけや勝利至上主義による過熱を批判している。また、別の記事では「運動部の活動が連日日暮れまで続き、競争、勝つことが目的になっている現状」に対して、大分県の全中学校で「ノー部活デー」の設置が決定されたことが報道されている(一九八六年七月二六日)。この他にも、誤った練習やしごきによる体罰、部活動顧問の手当ての問題など、特に運動部活動の過熱が問題視されていた。ただし、それらは散発的で、個別の出来事について議論が交わされる様子は確認できない。

また、この時期、部活動は「非行」を防ぐ手段として位置づけられていた。記事総数の少なさには考慮する必要があるものの、例えば、「子どもを学校に閉じ込めて、スポーツでしごいていれば非行に走らないとか、規律に従う良い子になる、といった言い方がよく聞かれる」（一九八六年九月二八日）、「部活動の目的を先生方に聞くと、決まって返ってくるセリフがある。「スタミナを発散させ、遊ぶ時間を作らない。非行防止、親もそれを望んでいる」」（一九八七年八月八日）というように、「非行防止のための部活動」という認識はある程度共有されていたと思われる。陣内（一九九四）によれば、特に一九七〇年代後半以降に、非行などの青少年問題が学校教育の機能不全による教育問題としてみなされるようになった。それらを防ぐ手段として部活動が意義づけられたことで、部活動を問題化するまなざしは抑制されていたのだと考えられる。

(2) 一九九〇年代から二〇〇〇年代——学校週五日制と地域移行

一九九〇年代半ばから二〇〇〇年代にかけて、最も割合が高くなっているのは「事件・事故」記事である。二〇〇六年に「事件・事故」記事が増加したのは、部活動中の落雷事故やいじめを苦にした自殺事件などが発生したからである。(4)

この時期の「事件・事故」記事は、いじめや体罰、事故等に関する実態報道としての側面が強かった。ゆえに、「事件・事故」を通じて、部活動それ自体を社会問題として論じる記事はほとんどみられず、むしろ個別の顧問教員の監督責任や各学校の安全管理について言及されていた

（一九九二年三月一〇日など）。

そして、この時期に特徴的なのは、ゆとり教育を目指して一九九二年から二〇〇二年にかけて段階的に導入された学校週五日制への移行を部活動時間の増減と結びつけて論じる記事である。

　現在、小学校で塾に通っている子どもは半数を超えるだろう。……塾は日曜日も集中講義をするほどだから、土日泊まりがけで詰め込み、ということもやりかねない。また、休みを増やせば、他の曜日に負担がかかり、自宅での課題も増える可能性がある。休みが二日あることで、かえって、だらけてしまったり、課題をこなすだけで子どもに自主性は育つだろうか。そうまでして、土曜日を休みにする必要はないと思う。いっそのこと、土曜日は「部活動の日」として、自主性を育て、自己啓発に努め、仲間との協調性を養うことに重点をおいたらどうであろうか。子どもが、興味を持って生き生きと活動をする場を与えることは大切だ。（一九九一年一〇月一四日・学生）

この記事では、学校週五日制により塾の集中講義や土日泊りがけの講義、自宅での課題の増加が危惧されている。そして、その対抗策として、子どもが「興味を持って生き生きと活動をする場」を確保するために、「土曜日は「部活動の日」」とすることが提案されている。同じく、「部活を通して得ること多い」という見出しの記事では、「週5日制に反対している先生もいる。「五日制になると部活の時間が減ってしまうため、部活で力を出す子が、かわいそう」と言うのだ。私は、この先生の意見に賛成する。私も部活の時間が減ったと思うとさみしい。もう少しでいいから、生徒の意見も取り入れて決めてほしい」（一九九二年九月七日・中学生）とあり、学校週五日制への移行に対して、特に部活動をやりたい「生徒の意見」を考慮することが生徒自身によって主張されている。

これらの記事は、学校週五日制との関連において、部活動時間の確保・増加を主張するものである。しかし対照的に、一九九〇年代においても、昨今のような部活動時間の縮小を求める声は存在していた。次の「学校五日制は部活を休もう」という見出しの記事はその一例である。

「子供たちにゆとりを、自由な時間を」という理念の下に学校五日制をうたうのなら、運動部の部活にもその理念が徹底されなければ、意義も効果も半減するのではないだろうか。しかし、五日制の実施以前の問題として、日曜日だけでもいい、いますぐにでも運動部の生徒たちと家庭に、心休まる一家団らんの時間を返してほしいと願わずにはいられない。（一九九四年一〇月二〇日・英語講師／保護者）

しかし、こうした意見は少数派であり、あまり賛同は得られなかったと思われる。やや時期は前後するが、「「部活漬け」が子供からゆとりを奪い去っている大きな原因にもなっていることに

も目を向けてもらいたい」(一九九三年九月二〇日・学習塾経営/保護者)と主張した記事には、

現在、部活に燃える私にとって「部活漬け」が子供からゆとりをうばい去っているといった内容はどう考えてもおかしいと思います。私たちが学生時代、部活を通して得られることがどれほど大きいのかわかりませんか。……大人が、本気で子供にゆとりを与えたいと思うのならば、学力社会の中で「勉強、勉強」と塾にいかせず、スポーツの相手くらいして下さい。私たちにゆとりがないように見えるのは「部活漬け」のせいではなく、大人の作りあげた学力社会のせいだと私は子供として思います。(一九九三年九月三〇日・中学生)

という反論が寄せられている。このやりとりに見られるように、部活動時間の縮小を求める教員や保護者の声は、当時、社会問題化していた「学力社会」批判の追い風を受けて、部活動時間の確保や増加を求める生徒の声によって反発されていた。事実、この時期には学力に偏らない多様な評価を求める文部省の方針を背景として、公立高校入試において部活動を合否の判断材料とする動きが各地で活発になっていると報じられており(一九九三年一一月二〇日)、「学力社会」のアンチテーゼとしての部活動という認識は広く共有されていたと考えられる。

このように、部活動の縮小を求める声に対して、部活動時間の確保・増加を主張するという構図は、学校週五日制の導入により浮上した部活動の地域移行をめぐる議論でも引き継がれていた。

例えば、教員の労働問題を論拠として、部活動の地域移行を主張した記事（一九九九年五月八日・高校教員）には、

部活動は、スポーツ指導ではなく、教育指導の一環として行うものである。……部活の負担は確かに大きい。しかし、教師の仕事は、モノづくりと違い、時間では割り切れない。そういったことを、ある程度承知したうえで、教師という職業を選んだはずだ。（一九九九年五月二二日・教員）

部活指導は地域の役割にとの声を読みました。確かに先生も人間だから、自分の人生、時間も、もちろん大切です。でも、それを超えたところで付き合ってくれる先生が少なくなっているのは、とても残念です。私は部活の指導は先生にしてもらいたいと思います。（一九九九年五月二二日・会社員）

といった応答がなされている。これらの記事では、教員の抱える部活動負担には一定の理解が示されつつも、その教育的意義によって、部活動指導は教員が「教育指導の一環として」行うべきだと主張されている。興味深いのは、これらの記事は、部活動のあり方や教員の労働問題に対して具体的な解決策を提示しているわけではないにもかかわらず、一切の反論が寄せられていない

点である。つまり、教員や保護者による部活動への異議申し立ては、その意義や楽しさを謳う声によってかき消されてしまっているのである。

学校週五日制に完全移行し、新学習指導要領に基づいた学校教育が開始した二〇〇〇年代初頭には、地域移行を主張する記事や地域と連携した活動紹介が掲載されていたものの、全国的に部活動に代わる地域クラブの整備は進んでいなかった(二〇〇二年四月一六日)。さらに、部活動の過熱に対して教育的意義を対置する構図は依然として強固であり、部活動時間の縮小はほとんど進展しなかった。一例として、投書記事における次のやりとりを挙げておこう。

せっかく週休2日になったのに、中学生の長男の部活で思うように動けません。なぜ中学校の部活は休まないのでしょうか。……中学生は部活に縛られ、塾にも通い、毎日大変な思いをしています。お父さんがいる日曜日も部活の試合があり、家族で出かけることがなくなりました。(二〇〇二年四月二四日・主婦/保護者)

部活は生徒にとって学校生活の一部であり、大切な活動ではないでしょうか。投稿者の子供さんは、充実した学校生活を送っているように思います。……一番大切なのは本人の意思です。本人が「部活は休めない」と言ったなら、それは素晴らしいことです。部活(集団)の中で自分の居場所を見つけ、役割を果たす責任を認識しているからです。(二〇〇二年五月六

日・大学生）

これらの記事では、中学生の子どもをもつ母親が、学校週五日制になったにもかかわらず、土日の部活動によって家族の生活時間が奪われていると訴え、それに対して、「一番大切なのは本人の意思」であり、子どもの部活をやりたい気持ちを尊重することが重要であると反論されている。

とりわけ二〇〇〇年代は部活動をテーマとした投稿募集によって子ども自身が部活動の意義を主張する「体験談・活動紹介」記事が一定数掲載されていた時期でもある。つまり、部活は厳しいものであるという前提の下、厳しいからこそ、「持続力や精神力、忍耐力」（二〇〇六年二月二六日・高校生）、「最後まであきらめない心や、道徳的なこと」（二〇〇六年四月七日・中学生）が得られたという子どもの声が数多く掲載された。それゆえ、同時期には部活動時間の縮小を求める保護者の投書記事も少なからず存在したが（二〇〇七年六月二一日など）、次の記事にあるように、部活動の長時間化による疲労や学業成績の低下を懸念する保護者ですら、その教育的意義との間で葛藤していたのである。

土日も部活に明け暮れる子どもの母親は、休養もさせたいし、成績が下がるのでは、と心穏やかではいられないのです。しかし、二六日の「部活漬けでも充実していた」というご意

見にもうなずいてしまうのです。（二〇〇七年七月二日・パート／保護者）

以上のように、一九九〇年代から二〇〇〇年代にかけて、学校週五日制との関連から、部活動の長時間化や指導体制を問題視する意見が寄せられていた。しかし、これらは教員や保護者の個人的願望に基づくものが多く、掲載回数も散発的であった。さらに、知識偏重の「学力社会」批判を背景に、部活動の教育的意義を主張する声が特に子どもから上げられていた。そのほとんどは、部活動問題への具体的解決策を提示していなかったが、一切の反論もなされなかった。したがって、当時の部活動は、「子どものため」というマジックワードによって、異論の余地なく存在していたと考えられる。地域クラブの整備の遅れとともに、こうした構図が広く共有されることで、部活動を問題視する声が部活動改革へと結実しなかったのではないだろうか。

(3) 二〇一〇年代――体罰事件から働き方改革へ

ここまでみてきたように、二〇〇〇年代半ば頃までの部活記事は、「体験談・活動紹介」を中心に、部活動を肯定する記事が相対的に多かった。(5) だが、二〇一二年に大阪府で起きた高校生の体罰自殺事件を契機として、二〇一〇年代は部活動に批判的な記事が多数を占めるようになる。(6)

ただし、これらの記事では、単に教員バッシングに終始しているものはほとんどみられない。以下の記事は、同事件との関連においてこの時期に掲載された投書記事の典型例である。

日々の練習試合ですら「勝つことのみが全て」とする一部の保護者の期待に追われてしまう。のびのびとやりたいと思っていても、鬼監督の姿勢や保護者の意向に沿う部活運営を半ば強要され、嫌々ながらも、子どもたちのためと思って歯を食いしばっている教員も多いはずだ。指導要領の枠を超え、本来の職務を外れる部活動に情熱を燃やす教員がいるのも事実だが、重荷に感じている教員も少なくはない。……教員の過労に拍車をかける「部活動」を見直す時期が来ているのだろうと思う。(二〇一三年一月一六日・中学校教員)

大阪市の市立高校の体罰問題。背景には、学校教育での位置づけがあいまいなまま、教員の「ボランティア」に支えられてきた部活動の実態、運動部の顧問不足などがある。部活動は、新学習指導要領で「学校教育の一環」としてようやく位置付けられたものの、なお定義はあいまいだ。教員の中には、生徒の自主性を無視して部活動を私物化する者がいる。練習などの活動計画すら顧問が決め、思い通りに生徒を支配している。勝利至上主義で指導する中での、生徒の自主性を無視した強制の常態化こそ、体罰の温床に他ならない……部活動が抱える問題は、学校教育に明確な位置づけもないまま、戦後から現在まで、教員の「聖職性」を悪用してきた教育行政の怠慢にあると言えよう。(二〇一三年一月一九日・大学非常勤講師)

「部活動のしくみ見直す時期に」という見出しの前者の記事では、「指導要領の枠を超え、本来の職務を外れる部活動」を負担に思う教員の存在を論拠に、「教員の過労に拍車をかける「部活動」を見直す」ことが主張されている。一方後者の記事では、「学校教育での位置づけがあいまい」なために「部活動を私物化する」教員の存在が、体罰の背景にあると指摘されている。

両者の記事に共通するのは、体罰問題を教員個人や個別の学校を超えて、部活動の制度上の問題として論じている点である。同様の記事はこの時期に数多く登場しており、こうした論理構造は「事件・事故」が個別の教員・学校の問題として語られがちであった二〇〇〇年代までの記事とは対照的である。体罰事件を契機に、部活動のあり方自体を問い直す視点が提起されたのである。

また、これまで部活動に異議を申し立ててきたのは教員や保護者が中心であったが、この事件以後、さまざまな立場の論者からも部活動のあり方に批判的な意見が述べられるようになる。

部活指導の見直しが必要と思う。教員の「業務」と位置づけるなら勤務時間として算入するべきだ。教員のメンタルヘルス改善のためにも必要である。「業務外」とするなら、専門資格を持ったコーチングスタッフが別に指導するべきではないか。……公私の区別のあいまいさが他からの介入を許さぬ閉鎖的環境を作り、体罰の温床になっているとすれば、教員、

生徒双方に不幸なことだと思う。（二〇一三年二月一四日・精神科医）

この記事では、精神科医の立場から、部活動指導が「教員の「業務」」として位置づけられていないことが、教員のメンタルヘルスの問題や「体罰の温床」の背景として、ひいては「生徒」にとっても「不幸なこと」だと指摘されている。この他にも、元プロ野球選手（二〇一三年二月三日）やカウンセラー（二〇一三年二月四日）、内科医（二〇一三年二月五日）、部活動研究者である大学教員（二〇一三年四月一日）など、さまざまな立場の「専門家」が、部活動のあり方を問題視していった。[7]以降、体罰事件が発生した大阪府を中心に、部活動指導の外部委託が再度目指されるようになり（二〇一四年九月二二日など）、教員に部活動指導を担わせることの是非が問われていく。

そして、こうした状況と相まって増加するのが、「労働問題」に関する記事である。特に、この傾向は二〇一〇年代後半以降に顕著である。そこでは、体罰事件に触れる記事こそ減少したものの、教員の多忙化と部活動の長時間化を結びつける記事が中心になっていった。

例えば、ＯＥＣＤの調査を踏まえて日本の教員の長時間勤務の原因として部活動の位置づけを問題視する記事や（二〇一五年八月二一日）、地域住民との協力を想定した部活動支援員の制度化を検討する政策動向の記事（二〇一五年一二月二二日）、部活動顧問の選択権を要求するべく二万人以上の署名を文部科学省に提出したことを紹介する記事（二〇一六年二月一三日）など、記事の内容はさまざまだが、教員の多忙化を部活動と結びつけて問題化するまなざしは、幅広く共有されるようになっていった。次の記事は、教員の働き方との関連から部活動の問題を捉えた代表例であり、部活動顧問の負担に苦しむ教員の思いが端的に表現されている。

「部活動の顧問　ストレスです」(二〇一七年五月七日・中学校教員)

文部科学省の調査で、公立中学校の教員の約6割で労働時間が「過労死ライン」に達していることが分かった。過重労働の一因となっている部活動のあり方に私は疑問を持っている。そもそも部活動とは何のための活動か。なぜ運動部に偏っているのか。学校規模に違いがあるのに、学校単位にこだわるのはなぜか。強制的に全員参加させる学校があるのはなぜか。大会は増える一方。試合の采配に口出しをする保護者もいる。土日は「ボランティア」なのに行かないと白い目で見られ、何かあれば責任を問われる。……学校単位にこだわることなく、地域やクラブチームで指導し、教員は地域の一員として参加すればいいのでは。抜本的改革を望む。

もう一点、二〇一〇年代後半の特徴として、従来部活動に対して肯定的な立場をとることが多かった子どもからも、部活動のあり方に疑義が呈されるようになる。ある記事(二〇一六年四月一七日)では、部活動の長時間化に批判的な複数の中学生の声が掲載されている。

趣味の一環としてその部活のスポーツをやりたいと思っていますが、部は大会で上位に入るという目標を持っているため方向性に違いがあります。そのため、休みが少なく、六、七月ごろの平日の部活は七時近くまであります。家が遠い自分にとっては勉強もやらないといけないため、大変なところがあります。

私は週二回だけ活動する文化部に所属している。……しかし他の部はたいてい、ほぼ毎日活動があるため学校外の活動や休息に割ける時間は少ない。そのため、部活に偏りがちになっている人が多い。

ここで注目したいのは、部活動の教育的意義を主張する子どもの声と同様に、こうした部活動の長時間化を問題視する子どもの声に対しても、一切の反論が寄せられない点である。むしろ、「子どものため」という主張は、部活動改革を求める言説の中でみられるようになっていく。例えば、「教職は大変だけれど、本当にやりがいのある仕事です。部活動の指導も、もちろんその一つです。部活動、一緒に頑張りませんか」という記事に対して(二〇一七年七月二四日・中学校教員)、「先生たちが生き生きと働くことができてこその学校であり、生徒でもあります」と反論され、子どものためにも部活動のあり方を改善していくことが必要であると主張される(二〇一七年八月一八日・無職(元教員))。つまり、二〇〇〇年代までにみられた「子どものため」の部活動という構図が、二〇一〇年代には「子どものため」にも部活動を改革すべきという構図に変化しているのである。

以上のように、二〇一二年に発生した体罰事件を契機として、部活動に批判的な記事は急増した。それは、単なる教員バッシングではなく、その背景にある部活動のあり方自体を問い直す記事であった。同時に、この事件以後、教員や保護者だけでなく、医者や部活動研究者のような専門家、さらにはそれまで部活動に肯定的であった子どもまでもが部活動のあり方に疑問を呈するようになる。こうして教員の働き方改革と連動した部活動改革は、ようやく実現の途に就いたのである。

4　部活動問題はどこに向かうのか？

私たちは、この四〇年あまり部活動について同じようなことを繰り返し語っている。これが、本章の初発の問題関心であった。すでに一九八〇年代には、教員の働き方との関連で部活動問題は語られていたし、それ以外にも、現在と共通する問題化／正当化の論理は確認できる。

しかし、こうした共通性ばかりに注視するのでは見逃してしまう側面がある。それは、同じく部活動を問題化／正当化する言説の中にも、その時々の社会状況に応じて、何を、どのように問題とするのかに違いがみられたということである。

本章の分析結果を単純化して述べるならば次のようになる。すなわち、非行防止の手段として積極的に部活動を意義づけていた一九八〇年代、ゆとり教育の開始に伴う学校週五日制によって部活動のあり方を問うまなざしが形成される一方で、「学力社会」批判を追い風に強力な部活動正当化言説が展開された一九九〇年代から二〇〇〇年代、体罰事件を契機に一転して部活動のあり方が問題視されるとともに、多様なアクターを巻き込んで教員の働き方改革と連動した部活動言説が共有されていく二〇一〇年代。こうして部活動は語られ続けてきたのである。

「なぜ部活動は急に悪者扱いされるようになったのか」。部活動を通して成長できた、得られるものがあった等々、部活動の意義を感じている人はたくさんいるだろうし、今まさに部活動に関わっている人の中には、そうした思いをより強く抱いている人もいるに違いない。

しかし、部活動を問題化するまなざしは、現在に至って突如として現れたわけではない。少なくともそれは、四〇年近く、形を変えながら常に存在していた。冒頭の二つの記事が明示しているように、学校教育において、部活動は「悩みの種」であり続けたのである。

そのうえで、先の「疑問」に立ち返るならば、問われるべきは「なぜ部活動は悪者とされるのか」ではない。そうした「疑問」が抱かれるほどに、また実際に部活動改革が実行されるほどに、部活動を問題化するまなざしが、なぜここまで広範に共有されていったのかである。

この問いに対し、本章の分析結果が提示する答えは「子どものため」である。つまり、部活動の意義を主張する子ども自身の声や、「子どものため」に部活動が必要であると説く大人の声によって、部活動を問題化するまなざしは抑制されてきたが、さまざまな制度改革や事件・事故を通して部活動のあり方を問う土壌が徐々に形成されていき、そのうえに、教員の労働問題を旗印とする部活動言説が重なることで、現在に至ってようやく部活動改革は着手されたのである。

そして、ここでも重要なのは「子どものため」である。つまり、「子どものため」に部活動を推進するものから、「子どものため」に部活動を改革するものへと、子ども自身の声も取り込んで拡大することで、部活動問題のムーブメントは形成されていった。この点で、部活動改革は「教員」だけではなく、「子ども」を中心としたさまざまなアクターの声によって達成されたといえるだろう。

注

(1) 例えば、部活動の問題を指摘する研究(島沢二〇一七、内田二〇一七)や、部活動の効果や意義を主張する研究(西島編二〇〇六、猿橋・大利二〇二〇)、部活動指導のあり方を指南したり、今後の部活動の方向性や理想的なあり方を述べたりする研究(神谷二〇一六、佐藤ほか二〇一九)などがある。

(2) 部活動言説を扱った研究として、村上(二〇一八)と下竹(二〇一九)がある。いずれも部活動言説に焦点を当てて、その中身や動向を検討しているが、部活動言説全体を扱っているわけではない点で課題を指摘することができる。

(3) なお、単一のカテゴリーに振り分けることが困難な記事については、複数のカテゴリーにまたがってカウントした。その後、大学院生一名に分類の妥当性を確認してもらい、再度、筆者らで協議した。

(4) なお、「事件・事故」報道の増加は、発生件数の増加という実態面の変化だけではなく、部活動を問題化するまなざしの強まりという意識面での変化を反映した結果とも考えられる。

（5） 野村ほか（二〇二二）では、『朝日新聞』の投書記事に対象を絞り、その記事内容を部活動に対する意味づけをもとに「肯定」「否定」「それ以外」に分類し、分類ごとに年代別の推移を確認した。その結果、二〇〇〇年代は「肯定」の記事が過半数を占めていたが、二〇一〇年代以降、「否定」の記事が多数を占めるようになったことを確認している。

（6） この時期には体育・スポーツ哲学の分野でも、運動部活動における体罰、ひいては勝利至上主義の問題に関心が寄せられるようになる（関根二〇一三、大峰・友添二〇一四など）。

（7） Best（2017＝二〇二〇：一一五頁）によれば、「専門家」は「社会問題を解釈する資格をもたらすような、特別な知識を有すると思われている」ため、「最も影響力のあるクレイム申し立て者と位置づけられる」。

参考文献

Best, Joel, 2017, *Social Problems*, Third Edition, W. W. Norton & Company（＝二〇二〇、ジョエル・ベスト著、赤川学監訳『社会問題とは何か――なぜ、どのように生じ、なくなるのか？』筑摩書房）

陣内靖彦、一九九四、「教育問題の変容」間宏編『高度経済成長期下の生活世界』文眞堂、二六八～二八九頁

神谷拓、二〇一六、『生徒が自分たちで強くなる部活動指導』明治図書出版

村上純一、二〇一八、「学校部活動に対する批判的言説に関する一考察」『人間科学研究』四〇：六七～七五頁

西島央編、二〇〇六、『部活動――その現状とこれからのあり方』学事出版

野村駿・太田知彩・内田良、二〇二二、「部活動問題の社会的構成――部活動の語られ方からみる部活動改革推進の背景」『名古屋大学大学院教育発達科学研究科紀要（教育科学）』六七（二）：一〇九～一一九頁

大峰光博・友添秀則、二〇一四、「野球部における指導者の勝利追求への責任に関する一考察」『体育・スポーツ哲学研究』三六（二）：七三～八二頁

関根正美、二〇一三、「体罰の温床・勝利至上主義とフェアプレイの狭間」『体育科教育』六一（一二）：三八〜四一頁
猿橋善宏・大利実、二〇二〇、『部活はそんなに悪者なのか!?——脱ブラック部活！　現役教師の挑戦』インプレス
佐藤博志・朝倉雅史・内山絵美子・阿部雅子、二〇一九、『ホワイト部活動のすすめ——部活動改革で学校を変える』教育開発研究所
島沢優子、二〇一七、『部活があぶない』講談社現代新書
下竹亮志、二〇一九、「運動部活動における「指導者言説」の歴史社会学序説——教育的技法としての「規律」と「自主性」に着目して」『スポーツ社会学研究』二〇（二）：五九〜七三頁
内田良、二〇一七、『ブラック部活動——子どもと先生の苦しみに向き合う』東洋館出版社

第二章のポイント

▼部活動の過熱は、すでに一九八〇年代には問題視されていたが、それ以上に部活動の教育的意義が主張されていた。

▼部活動言説は、非行、学校週五日制、体罰事件、働き方改革と語られる文脈を変えてきた。

▼部活動言説が「推進」から「改革」へと変化してきた背後には、「子どものため」という論理が通底している。

第三章
なぜ部活動指導に熱中するのか
――年代別多忙化メカニズムの検討

Keywords▶ 他者期待
部活動経験
部活動意識

1 なぜ教員は忙しいのか？

「なぜ教員は忙しいのか」。この問いは、戦後日本社会において何度となく現れ、多くの実践的・学術的関心を喚起してきた。現在においても、教員勤務実態調査やＴＡＬＩＳ（Teaching and Learning International Survey：ＯＥＣＤ国際教員指導環境調査）などを通して、日本の教員の労働時間の長さが指摘されている。本章では、この問題に、部活動指導の文脈から検討を加えてみたい。つまり、部活動指導における多忙化がいかなるメカニズムによって生じているのかを検討するのである。

では、なぜ教員は忙しいのか。先行研究ではさまざまな検討が行われているが、ここでは以下の分析に関連して重要な要因を紹介しよう。

まず、教員文化(教員に広く共有されている行動様式や価値規範など)に着目した議論がある。教育社会学を中心に、例えば、同僚との調和を重視する「同僚性」(永井一九七七)や多様な活動を教育的に意味づける「指導の文化」(酒井一九九八)、「子どものために」と仕事に没頭する「献身的教師像」(久冨一九九八、伊勢本二〇一八)など、何らかの教員文化が多忙化をもたらす要因として指摘されてきた。また、教員という職業自体の特性として、子どもへの関心・熱意を重視する「無限定性」(久冨一九九〇)や、業務の「再帰性」「不確実性」「無境界性」(佐藤一九九四)なども多忙化に結びつく要因として論じられている。

さらに、学校外部に目を転じれば、保護者との関係性も看過できない要因となっている。例えば、保護者対応の増加が教員の多忙化とともにメンタルヘルス上の問題をもたらしているという指摘がある(石山・坂口二〇〇九、久保田二〇一三)。子どもの教育の責任をめぐって、ときに学校批判の矢面に立たされながら(久冨二〇一二)、またあるときには家族の役割も積極的に引き受けて(山口二〇一八)、業務に当たらなければならない教員の姿が指摘されている。

そして、以上の要因はすべての教員に等しく確認できるものではなく、教員の年齢や性別といった属性に大きく規定される。その中でも、教員自身の家族の状況(例：幼い子どもや要介護者がいるか)は、教員のジェンダーとも関わって、多忙感や負担感、ストレス反応に影響を与えていることが明らかにされている(高木二〇〇三、神林二〇一五)。

以上の研究を踏まえ、本章でさらに掘り下げて検討したいのは、教員の年齢による違いである。つまり、教員の年齢によって、多忙化が生み出されるメカニズムにいかなる共通性と相違性が確認できるのかを明らかにしたいのである。(1)

ここで、教師のライフサイクル研究を参照しよう。今津孝次郎は、教師のライフサイクルを次のように定義する。「教師のライフサイクルとは、個人の生涯にわたる人生周期をライフサイクルと呼ぶのになぞらえたもので、教師としての職業人の生活周期を指している。つまり、新任教師として教職に就いた段階から中堅教師に成長した時期を経てベテラン教師となり、最後に教職から離れるまでの一連の規則的な推移を意味している」(今津二〇一七：九三頁)。

この定義からもわかるように、教員は年齢によってまったく異なる状況に置かれている。(2) つまり、その多くは年齢を重ね、経験を積む中で、学校内での役割が変わり(一般教諭から主幹教諭、そして管理職へ)、学校外での役割も変わり(結婚や出産、子育てなど)、結果として教員としてのあり方や働き方にも変化が生まれるのである。以上を踏まえれば、教員の多忙化の様相にも年齢によって違いが確認されるはずである。本章では、部活動立会時間を取り上げ、部活動における多忙化が、どの年代の教員に、どういった理由で生起しているのかを検討する。

2 使用する変数

本章で最も重要な変数は、なんといっても教員の年齢である。ここでは、二〇代、三〇代、四〇代、五〇代という形で集計したものを使用する。

先にも述べたように、本章では部活動における多忙化問題に焦点を当てる。本調査では、部活動の活動時間に加えて立会時間も尋ねている。ここでは、教員が実際に指導に携わっている時間を検討するために、立会時間を従属変数として設定する。活動している曜日と一日の立会時間をそれぞれ質問しているので、それらを用いて週当たりの部活動立会時間(分)を算出した。

次に、独立変数として次の三点に着目する。第一に、学校内外における他者との関わりである。同僚性や保護者の影響に鑑みるに、部活動指導においても他の教員や保護者との関係性は重要な影響を及ぼしていると考えられる(3)。本章では、保護者、管理職、同僚それぞれからの期待に焦点を当てる。

第二に、教員の個人的要因として、過去の部活動経験を取り上げる。つまり、現在顧問をしている部活動の経験が過去にあるかどうか、過去の部活動経験を楽しいものと認識しているかどうかである(4)。

第三に、教員自身の部活動への意味づけを変数化する。具体的には、部活動に関する意識を尋ねた一一の質問項目を用いて因子分析を行った(5)(表3-1)。得られた因子は二つで、各セルに記

表 3-1　教員による部活動への意味づけの構造(因子分析)

	第1因子 教員役割	第2因子 楽しさ	共通性	α係数
部活動指導によって，教員としての資質が向上する	0.72	0.35	0.63	0.81
部活動指導と教科指導の両方に秀でてこそ，一人前の教員だ	0.71	0.23	0.55	
部活動の顧問は，教員が担うべきだ	0.63	0.38	0.53	
部活動を通じて，生徒と教員の絆を深めることは大事だ	0.61	0.33	0.48	
生徒は全員，部活動に加入するべきだ	0.46	0.15	0.24	
顧問をしている部の競技成績・活動成績を向上させたい	0.35	0.66	0.55	0.80
部活動の顧問は楽しい	0.30	0.84	0.80	
勤務校のなかでは，部活動指導を熱心に行っている方だ	0.23	0.66	0.49	
部活動の顧問をストレスに感じる(逆転項目)	0.26	0.47	0.29	
回転後の寄与率	25.8	25.1		
回転後の累積寄与率	50.9			

載された因子負荷量を考慮して、第一因子を「教員役割」、第二因子を「楽しさ」とした。各因子得点を分析では使用する。

これら三つに加えて、統制変数として「女性ダミー」「担任ダミー」「運動部ダミー」を用いる。また、教員自身の家族の影響も確認するために、「結婚ダミー」「子どもダミー」「介護ダミー」を用意した。以下では、これらの変数を用いて、部活動における多忙化メカニズムを検討する(使用する変数一覧は表3－2参照)。

なお、本章では部活動立会時間に焦点を当てるため、分析対象を調査時点で顧問についていた者に限定する。つまり、本章の分析対象は部活動顧問を担っている教員(主幹教諭・教諭・常勤講師)である。

変数名		分類方法
部活動意識 (因子分析)		「部活動の顧問は楽しい」「勤務校のなかでは，部活動指導を熱心に行っている方だ」「顧問をしている部の競技成績・活動成績を向上させたい」「勤務校の中には，部活動に関して自分よりも忙しい教員がいる」「部活動の顧問をストレスに感じる」「生徒は全員，部活動に加入するべきだ」「部活動を通じて，生徒と教員の絆を深めることは大事だ」「部活動指導によって，教員としての資質が向上する」「部活動指導と教科指導の両方に秀でてこそ，一人前の教員だ」「部活動の顧問は，教員が担うべきだ」「部活動顧問をしないと人事異動の際に不利になる」 ⇒「とてもあてはまる」=4，「どちらかといえばあてはまる」=3，「どちらかといえばあてはまらない」=2，「まったくあてはまらない」=1
統制変数	年齢	「あなたの年齢を教えてください」(2017年10月1日現在) ⇒回答された実数を使用した
	女性ダミー	「あなたの性別を教えてください」 ⇒「女性」=1，「男性」=0
	担任ダミー	「あなたは学級担任をしていますか」 ⇒「正担任」=1，「副担任・非担任」=0
	運動部ダミー	「現在顧問をしている部活動の種別について，該当する番号を下記の選択群の中から，中心的に関わっている部から順に三つお答えください」 ⇒1番目に選択されたものを，「運動部」=1，「文化部」=0 ※なお選択群は〈運動部〉〈文化部〉をあらかじめ分けたうえで，それぞれ34部，20部示している
	結婚ダミー	「あなたは現在，結婚していますか」 ⇒「はい」=1，「いいえ」=0
	子どもダミー	「お子さんと一緒にお住まいの方におたずねします．中学校入学以前のお子さんは何人いますか」 ⇒「いる」=1，「いない」=0
	介護ダミー	「あなたは現在，介護を必要とする家族や親族と一緒に住んでいますか」 =「住んでいる」=1，「住んでいない」=0

表 3-2　使用する変数一覧

変数名		分類方法
年代		「あなたの年齢を教えてください」(2017 年 10 月 1 日現在) ⇒回答された数値をもとに，最小値〜29＝20 代，30〜39＝30 代，40〜49＝40 代，50〜59＝50 代，60 以上＝60 代とした
週当たり立会時間 (単位：分)		「(あなたが顧問をしている)部の活動している主な曜日すべてに丸を付けてください」 「(あなたが顧問をしている)部の活動に立ち会っている時間は，1 日あたりどのくらいですか．今年度 10 月における平均的な時間をお答えください」 ⇒回答をもとに，週当たりの立会時間を算出した
他者期待	保護者期待	「自分は保護者から，部活動において熱心に指導することを期待されている」 ⇒「とてもあてはまる」＝4，「どちらかといえばあてはまる」＝3，「どちらかといえばあてはまらない」＝2，「まったくあてはまらない」＝1
	管理職期待	「勤務校の管理職は，あなたが部活動に熱心に取り組むことを期待している」 ⇒「とてもあてはまる」＝4，「どちらかといえばあてはまる」＝3，「どちらかといえばあてはまらない」＝2，「まったくあてはまらない」＝1
	同僚期待	「同僚の教員は，あなたが部活動に熱心に取り組むことを期待している」 ⇒「とてもあてはまる」＝4，「どちらかといえばあてはまる」＝3，「どちらかといえばあてはまらない」＝2，「まったくあてはまらない」＝1
過去の部活動経験	顧問部の経験有無	「現在顧問をしている部活動の種別について，該当する番号を下記の選択群の中から，中心的に関わっている部から順に三つお答えください」(一番目に回答されたものを使用) 「あなたが中学・高校で主に参加していた部活動を，下記の選択群からひとつ選んでください．参加していなかった方は 55 と記入してください」 ⇒同じ選択群に回答してもらい，一致度から「中高ともに経験あり」＝2，「中高どちらかで経験あり」＝1，「未経験」＝0 とした
	中学楽しかったダミー	「中学校での部活動について，以下の点についてどのように思いますか」 ⇒「楽しかった」に対し，「とてもあてはまる」「どちらかといえばあてはまる」＝1，「どちらかといえばあてはまらない」「まったくあてはまらない」「無回答」＝0
	高校楽しかったダミー	「高校での部活動について，以下の点についてどのように思いますか」 ⇒「楽しかった」に対し，「とてもあてはまる」「どちらかといえばあてはまる」＝1，「どちらかといえばあてはまらない」「まったくあてはまらない」「無回答」＝0

3 部活動立会時間が長いのは誰か？

年代別の検討に入る前に、教員集団全体の傾向を見ておこう。ここでは、前節で設定した変数ごとに、部活動立会時間の平均値の差を確認する（図3－1）。まず、全体平均は一週間当たり六二三・四分（約一〇時間）であった。九割近くの教員が週五日以上部活動顧問をしている事実に鑑みれば[6]、おおよそ平日は休みなく一時間から二時間程度、休日はいずれかもしくは両方で五時間程度活動するというのがよくある部活動の取り組み方ではないだろうか。

属性別にみれば、男性、正担任、運動部、常勤講師、未婚、子どもあり、介護なし、二〇代・三〇代で立会時間が長くなっていることがわかる。いずれも全体平均を上回っており、七〇〇分を超える場合もある。このように、教員の属性によって部活動へのコミットメントには、一定の違いが確認できる。

次に独立変数として投入する変数ごとに、部活動立会時間の平均値を求めた（図3－2）。「教員役割」と「楽しさ」については、因子得点から三つのグループを作成し、点数の高い群から「高群」「中群」「低群」とした。

まず、他者期待に関する三つの変数については、いずれも「期待あり」の方で立会時間が長くなっていた。一週間で一〇〇分以上の差があり、期待されているほど部活動指導にコミットするという関係が推測できる。

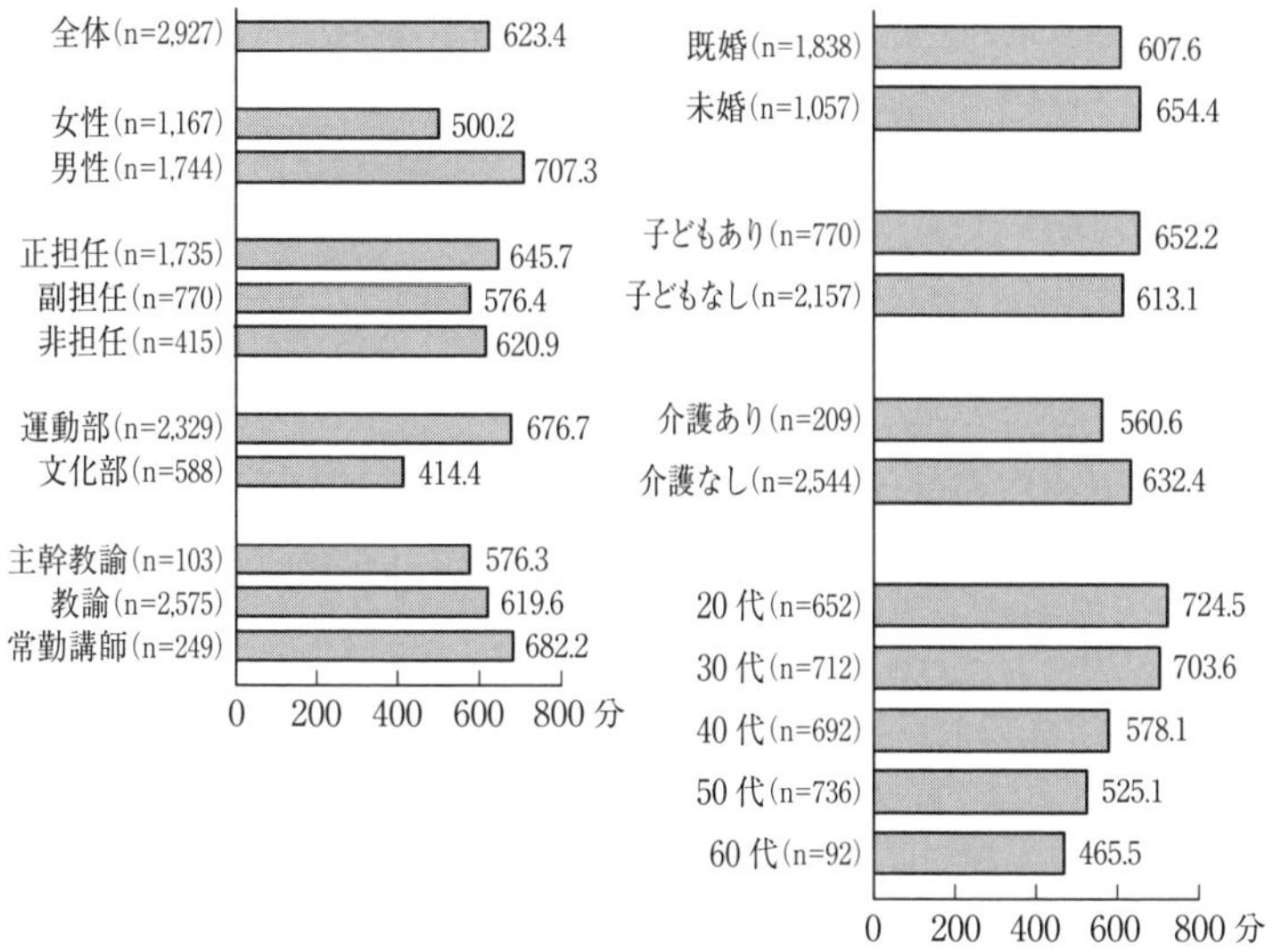

図 3-1 平均値の比較①——属性別にみる部活動立会時間

注：1)「職階」と「子どもダミー」は $p<0.05$ で有意.「結婚ダミー」と「介護ダミー」は $p<0.01$ で有意. それ以外はすべて $p<0.001$ で有意.

2)「担任の有無」,「職階」,「年代」については分散分析を行い, 多重比較の結果を示す. まず,「担任の有無」では,「正担任—副担任」のみ有意であった($p<0.001$). 次に「職階」については,「主幹教諭—常勤講師」は $p<0.1$ で有意,「教諭—常勤講師」は $p.<0.05$ で有意だった. 最後に「年代」では,「20 代—30 代」,「40 代—50 代」以外のすべてで有意差があった($p<0.001$).

次に、過去の部活動経験については、過去に経験のある部の顧問をしている教員ほど、また中学・高校でそれぞれ部活動を「楽しかった」と感じている者ほど部活動立会時間が長くなっていた。「未経験」と「中高ともに経験」の差は、一週間でおよそ四時間(二三五分)にもなる。

最後に、部活動への意味づけから抽出した二つの因子では、いずれも部活動を肯定的に評価している者で長時間化が確認できる。つまり、「教員役割」と結びつけて部活動を意味づけていたり、部活動指導に「楽しく」臨んでいたりする者ほど、立会時間は長くなっている。

　以上、部活動指導と立会時間の基本的な傾向を確認した。では、これらの変数を同時に投入した際、最も部活動時間を規定する要因は何であろうか。また、それには教員の年代によっていかなる違いがあるだろうか。次節では、この点を明らかにすることで、教員の多忙化問題の中でも、部活動指導に関わって確認できる側面を捉えたい。

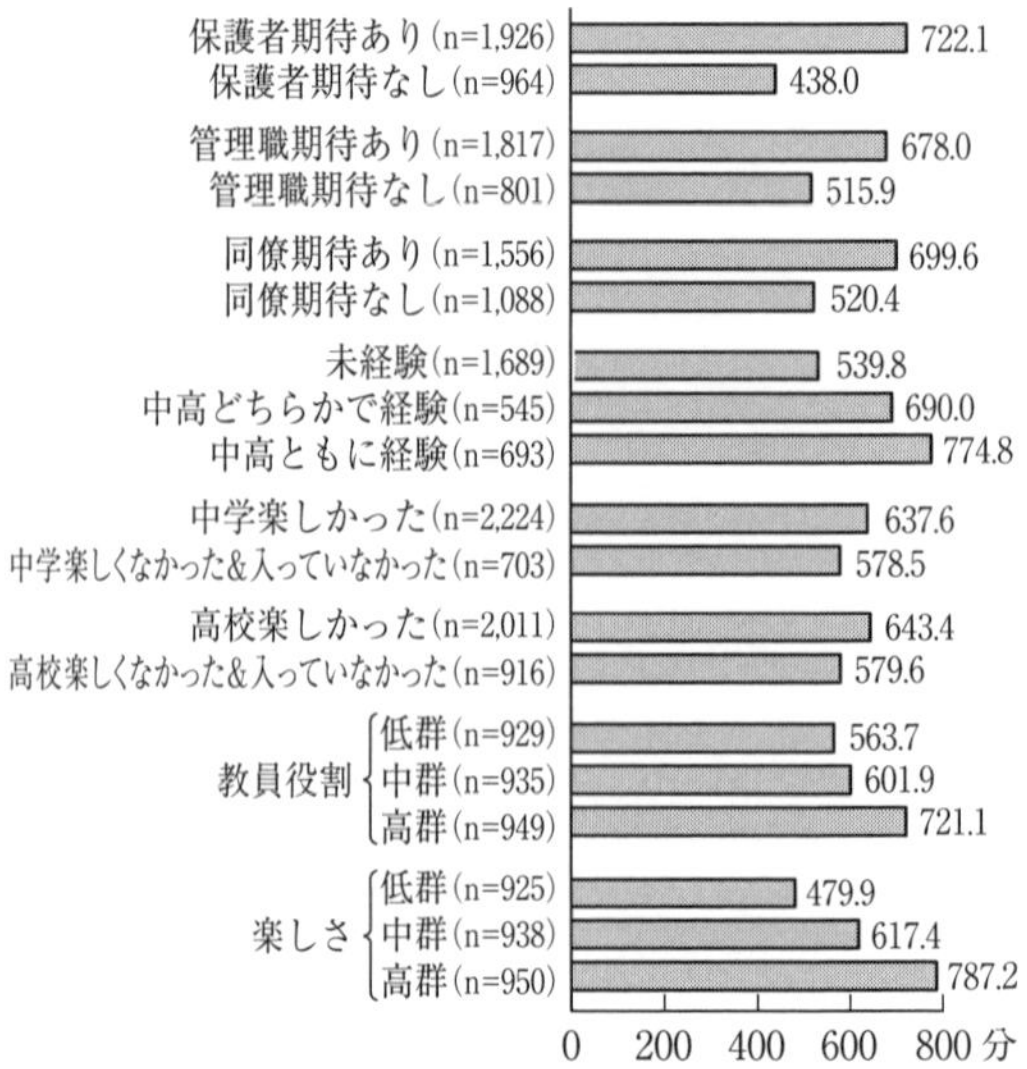

図3-2　平均値の比較②――投入する独立変数別にみる部活動立会時間

注：1)すべて p<0.001 で有意.
　　2)「顧問部の経験有無」,「教員役割」,「楽しさ」については分散分析を行った.「教員役割」の「低群―中群」のみ p<0.1 で有意, それ以外はすべて p<0.001 で有意であった.

4　教員の年代別にみる部活動の多忙化メカニズム

　はじめに、教員集団全体を対象に、どの要因が部活動立会時間を強く規定しているのかを確認する(7)。先に設定したすべての変数を同時に投入したのが表3-3である。なお、表の下にあるR_2

（調整済み）は、「自由度調整済み決定係数」のことを指し、投入した変数で従属変数の分散のうち何割を説明できるか表している。また、nは分析に使用したサンプル数である。

まず、統制変数の効果を確認するならば、「年齢」「女性ダミー」「運動部ダミー」で有意となっている。つまり、若手教員ほど、男性教員ほど、運動部顧問ほど、部活動立会時間が長くなっている。β（標準化係数：投入した変数の単位を揃え、その影響力を比較できるようにしたもの）の数値を見ると、最も部活動立会時間を強く規定しているのは、「運動部ダミー」（〇・一六五）であり、運動部顧問であるだけで、部活動立会時間は一五九・七分増加する。また、今回のモデルでは、「結婚ダミー」「子どもダミー」「介護ダミー」という教員の家族の影響は確認されなかった。この点については、第四章で詳細に検討する。

次に独立変数の効果を見てみよう。「保護者期待」（β＝〇・一八八）、「管理職期待」（β＝〇・〇四四）、「同僚期待」（β＝〇・〇五八）、「顧問部の経験有無」（β＝

表 3-3　部活動立会時間の規定要因に関する分析結果（全体）

	全体	
	B	β
（定数）	345.6	
年齢	−4.2***	−0.128
女性ダミー	−83.3***	−0.106
担任ダミー	11.6	0.015
運動部ダミー	159.7***	0.165
結婚ダミー	4.6	0.006
子どもダミー	−26.8	−0.031
介護ダミー	4.9	0.003
保護者期待	79.0***	0.188
管理職期待	21.1†	0.044
同僚期待	28.4*	0.058
顧問部の経験有無	34.5***	0.076
中学楽しかったダミー	−20.5	−0.023
高校楽しかったダミー	6.4	0.008
教員役割	20.7*	0.047
楽しさ	57.7***	0.134
R_2（調整済み）		0.285
n		2,269

***p<0.001, **p<0.01, *p<0.05, †p<0.1

〇・〇七六）、「教員役割」（β＝〇・〇四七）、「楽しさ」（β＝〇・一三四）に有意な影響が確認できる。つまり、保護者や管理職、同僚から部活動指導を期待されていると感じている教員ほど、過去に経験のある部の顧問をしている教員ほど、教員の役割として部活動を意味づけていたり、部活動指導を楽しく行っていたりする者ほど、部活動立会時間が長くなっている。特に、βの値からは、「保護者期待」の影響の強さが指摘でき、教員の部活動への取り組み方には保護者の働きかけが大きく関わっていることがわかる。

こうした教員集団全体の傾向を押さえたうえで、次に教員の年代別の検討へと進もう。教員の年代によって、部活動における多忙化の様相は、どれほど共通し、またどのように異なっているのだろうか。

年代別の結果を示したのが表3－4である。全体を俯瞰してすぐにわかる通り、年代によって共通する部分と相違する部分がある。順に見ていこう（六〇代は省略(8)）。

まず、二〇代では、「運動部ダミー」「介護ダミー」「保護者期待」「同僚期待」「顧問部の経験有無」「教員役割」「楽しさ」の影響が有意である。概ね表3－3で検討した教員集団全体の傾向と一致しているが、「介護ダミー」の影響については触れておく必要があるだろう。つまり、符号はマイナスであるため、二〇代教員では、家族に要介護者がいると部活動立会時間は週当たり一五七・一分短くなる。この結果は、他の年代ではみられないものである。また、標準化係数（β）に着目すれば、特に「運動部ダミー」と「顧問部の経験有無」の数値が高くなっている。

表 3-4　部活動立会時間の規定要因に関する分析結果――年代別

	20 代		30 代		40 代		50 代	
	B	β	B	β	B	β	B	β
(定数)	387.8		320.0		671.5		626.5	
年齢	−5.0	−0.029	−5.1	−0.037	−11.1*	−0.083	−8.3†	−0.066
女性ダミー	−17.5	−0.023	−120.7**	−0.139	−111.7***	−0.152	−77.9**	−0.112
担任ダミー	−15.1	−0.020	64.2†	0.066	3.6	0.005	−19.1	−0.027
運動部ダミー	206.2***	0.192	182.4***	0.158	106.4**	0.123	145.4***	0.184
結婚ダミー	−45.4	−0.053	61.9	0.073	37.8	0.042	−37.2	−0.041
子どもダミー	3.5	0.003	−62.2	−0.077	−75.5*	−0.103	−7.6	−0.006
介護ダミー	−157.1*	−0.081	51.1	0.025	47.1	0.033	9.5	0.010
保護者期待	45.1*	0.107	87.0***	0.190	96.1***	0.242	79.7***	0.210
管理職期待	7.2	0.015	25.4	0.049	4.3	0.009	39.2†	0.092
同僚期待	47.6†	0.096	13.9	0.028	43.1†	0.085	9.2	0.020
顧問部の経験有無	55.3**	0.138	21.4	0.047	40.6*	0.088	16.8	0.037
中学楽しかったダミー	−24.8	−0.025	−23.4	−0.023	−27.1	−0.033	−14.3	−0.019
高校楽しかったダミー	6.9	0.008	36.8	0.041	−21.5	−0.028	15.1	0.021
教員役割	33.8†	0.080	29.9†	0.069	18.7	0.041	0.3	0.001
楽しさ	48.2*	0.113	61.4**	0.142	38.2†	0.090	86.0***	0.214
R_2(調整済み)		0.164		0.248		0.263		0.285
n		524		575		531		570

***$p<0.001$, **$p<0.01$, *$p<0.05$, †$p<0.1$

続けて、三〇代の結果を見てみると、二〇代と共通するのは、順に「運動部ダミー」（β＝〇・一五八）、「保護者期待」（β＝〇・一九〇）、「教員役割」（β＝〇・〇六九）、「楽しさ」（β＝〇・一四二）である。一方、「介護ダミー」や「同僚期待」、「顧問部の経験有無」の影響は有意でなくなっている。

ここで注目すべきは、二〇代で二番目に大きな影響を与えていた「顧問部の経験有無」が、三〇代では有意でなくなっている点である。その一方で、三〇代では、「楽しさ」の影響力が相対的に強くなっている。対比的に述べれば、二〇代では過去の部活動経験の影響によって部活動立会時間が長くなるのに対し、三〇代では過去ではなく現在における部活動そのものへの肯定的な意識が立会時間を引き延ばしていると考えられる。三〇代は、中堅教員へと歩みを進める中で、部活動顧問の経験が一定程度蓄積された段階だと考えられる。したがって、部活動立会時間を規定する構造が、過去から現在へと力点を移したのではないだろうか。部活動立会時間の平均値ではほとんど差がみられなかった二〇代と三〇代だが（図３‐１）、その多忙化メカニズムには、質的な違いが確認されたといえよう。

また、二〇代で確認された「同僚期待」の影響もみられなくなり、対して「保護者期待」の影響がとりわけ大きくなっている。教員としての経験を積む中で、保護者からの期待をより強く受けるようになっているのかもしれない。

では、さらに年齢を重ねた教員では、部活動立会時間を規定する構造にどのような違いが確認できるだろうか。まず、四〇代の結果を見ると、二〇代・三〇代との共通点として、「運動部ダミー」「保護者期待」「楽しさ」がいずれも有意である。四〇代でも、運動部顧問や、保護者からの期待を受けていると感じている者ほど、また楽しく部活動指導に取り組んでいる者ほど、部活動立会時間は長くなる傾向にある。そして、中でも「保護者期待」の影響が強い（β＝〇・二四二）。

他の年代との相違点として重要なのは、統制変数の効果である。まず、「女性ダミー」は三〇代から連続して有意な影響を与えている。つまり、女性教員ほど部活動立会時間が短くなっている。そして、新たに「年齢」「子どもダミー」の有意な効果が確認された。つまり、四〇代の中でも相対的に年配の教員ほど、また小学生以下の子どもを持つ教員ほど部活動立会時間は短くなっている。出産・育児という教員の私生活における変化が全面的に表れていると考えられる。このことは、既存の性別役割分業が教員にも確認できることを示している（詳細な分析は、第四章を参照）。また、「教員役割」の効果が有意ではなくなった。つまり、教員の役割として部活動を捉えることが部活動立会時間を長くさせるというのは、より年代の若い教員でのみみられるものだといえよう。

次に、五〇代の結果からは、これまでの年代とはまた異なる傾向が指摘できる。はじめに他の年代との共通点を押さえておくと、「運動部ダミー」「保護者期待」「楽しさ」の効果が有意であった。つまり、運動部顧問や保護者からの期待を受けていると感じている者、楽しく部活動指導に取り組んでいる者で部活動立会時間が長くなるという傾向は、すべての年代で確認されたといえる。とりわけ五〇代では、これらの変数の影響力（β）が相対的に強く表れている点も特徴である。また、「年齢」は四〇代と、「女性ダミー」は三〇代・四〇代と連続している。

そのうえで、相違点について強調すべきは、「管理職期待」に初めて有意な効果が認められた点である。つまり、五〇代の中でも管理職から期待されていると感じている教員で部活動立会時間は長くなっている。管理職が同世代にあたるために、その期待を受けたと感じた教員は、部活動指導に励む（励まざるをえない）のかもしれない。

5 まとめと考察――教員の主体的多忙化を誰が止められるか?

本章では、教員の年代に着目して、部活動における多忙化がいかなるメカニズムによって析出されるのかを検討した。その結果、教員一般の共通性と年代による相違性が明らかとなった。

まず、年代問わず確認できた点として、運動部顧問であること、保護者から部活動指導を期待されていると感じていること、部活動指導に楽しく従事していることの三点が立会時間を有意に長くさせる効果を持っていた。特に「運動部ダミー」の効果がすべての年代で確認された点は、部活動改革の取り組みとして、真っ先に「運動部活動の在り方に関する総合的なガイドライン」が出された点とも符合しよう。このことは文化部顧問がまったく忙しくないことを意味しないが、それでもすべての年代において運動部顧問であることが、立会時間を引き延ばし、多忙な状況を生み出しているとするならば、そのあり方自体を見直すことは重要である。

それに対し、年代による相違点も明らかとなった。まず、部活動立会時間の平均値ではほとんど差のなかった二〇代と三〇代では、多忙化のメカニズムに質的な違いが確認できる。つまり、二〇代では「顧問部の経験有無」が強く影響していたのに対し、三〇代では「楽しさ」の影響力が強かった。これは、学卒すぐの段階にあって、過去の部活動経験の影響を受けやすい二〇代と、教員としての経験を一定程度積んだ三〇代という、教師のライフサイクル上の違いを反映していると思われる。また、教師のライフサイクルという点では、三〇代以降に「女性ダミー」が、四〇代で「子どもダミー」が、五〇代で「管理職期待」が有意に影響していた点も重要である。これらは家庭と学校での位置に相当していると考えられる。

このように、部活動指導をめぐる多忙化メカニズムは、年代を超えて共通する部分がありながら、ライフサイクル上の位置を反映して、年代によって異なる部分も存在する。教員の働き方改革に組み込まれた部活動改革は、この共通性と相違性の両方に着目する必要がある。そうすることで、全体をカバーしつつ、年代ごとの特性に合わせたより有効な方策が導き出せるといえる。

以上の知見から、本章が導き出すのは、強制的多忙化と主体的多忙化とも呼べるような状況である。それらは、相互に関連しつつも、ある程度独立した問題として指摘できる。

強制的多忙化は、「保護者期待」の影響に見られるように、学校外部からのまなざしによって部活動指導をせざるを得なくなった結果として多忙化が生じている状況を指す。保護者からの過度な期待やクレームは、教員を疲弊させ、メンタルヘルス上の問題を引き起こすことが繰り返し指摘されている(石山・坂口二〇〇九、久保田二〇一三)。それを踏まえれば、部活動においても過度な期待が逆に教員を追い詰め、さまざまな問題をもたらしていることは想像に難くない[9]。

一方、主体的多忙化については、「保護者期待」に加えて、「楽しさ」の効果に最も顕著である。つまり、やむを得ず部活動顧問をしているわけではなく、むしろ、部活動指導に楽しさを見出して自ら積極的に顧問をするという状況である。「楽しさ」因子の四つの質問項目を確認するならば、そうした教員は「競技成績・活動成績の向上」に積極的で、部活動顧問にあまりストレスを感じることなく、反対に楽しんで指導に当たっていると思われる。また彼らは、部活動指導に「熱心」であることも自認している。こうして部活動立会時間は長くなっているのである。

教員の働き方改革の文脈で部活動が語られるとき、その多くは教員の本務ではないにもかかわらず顧問を強制される側面に問題を見出してきた(内田二〇一七、教職員の働き方改革推進プロジェクト編二〇一八)。つまり、やむを得ず顧問を引き受けている教員の苦悩から、部活動における強制的多忙化の状態が問題視されたのである。

しかし、それだけでは不十分である。なぜなら、部活動顧問における強制性の解除は、何らかの政策的対応によって可能になるかもしれないが、そうした取り組みがなされたとしても、自ら主体的に部活動指導へとのめり込んでいくもう一つの多忙化は解消されないからである。むしろ、こちらの方が解決の難しい問題かもしれない。それは、積極的な意味づけに支えられて、教員自身によって導かれる多忙な状態だからである(10)。

以上を踏まえ、さらに次の二点から考察を深めよう。第一に、部活動立会時間の規定要因に「保護者期待」が含まれていたことから、部活動問題は学校と教員だけの問題では決してないことがわかる。山口(二〇一八)は、学校の役割と家庭の役割を意味づける教師の実践に着目したが、部活動も同じように、誰がその役割を担うべきかをめぐってさらに議論を続ける必要がある。つまり、子どものスポーツ機会を、学校や教師が担うべきなのか、家族が担うべきなのか、それとも地域社会全体で保証すべきなのか。部活動の地域移行や社会体育化などを考えるうえでも、極めて重要な論点だと思われる。

第二に、主体的多忙化の問題をどのように捉えるかという点である。主体的多忙化の状態にある教員は、おそらくやる気と熱意に溢れ、やりがいを感じながら部活動指導に励んでいるはずだ。しかし、そうした積み重ねの先に、メンタルヘルスの問題や過労死といった最悪の結果が待ち構えているかもしれない。また、子どもへの思いや熱意に導かれる働きすぎの問題を誰がどうやって抑制するのか。それは、教員のやりがいを奪ってまで抑制すべき問題なのか。部活動問題は、教員としてのあり方自体と密接に関わっているがゆえに、慎重かつ大胆な議論が求められるだろう。本章の知見は、そうした議論の足掛かりになるはずである。

注

（1）教員の年齢に着目した研究には、若手教員ほど労働時間が長くなっていることを指摘する研究（内田ほか二〇一八）の他に、例えば、職業葛藤やストレスの発生メカニズムが教員の年代によっていかに異なるかを論じたもの（伊藤二〇〇〇）や、教員の多忙化が「子ども理解」に与える影響を検討した研究（片山二〇一九）などがある。しかし、教員の多忙化——主観的な多忙感ではなく客観的な多忙化——がいかなるメカニズムによって析出されるのかを、教員の年代に着目して比較検討した研究は見当たらない。本章では、そのつの試みとして、部活動立会時間を取り上げ、部活動における多忙化メカニズムの年代による共通性と相違性を検討する。
（2）教師のライフサイクル研究では、各年代に固有の悩みや課題が明らかにされてきた。例えば、新任教師における教職への適応とリアリティ・ショック（曽山二〇一四）、中堅教師における主任教員への移行と私生活での変化（結婚、出産、育児）（紅林一九九九）、ベテラン教師における管理職への移行（川村二〇一二）などである。

（3）部活動における保護者の影響については、中澤（二〇〇八）など。

（4）過去の被教育経験が教職志望や教員としての現在に影響していることを示した研究（川村二〇〇三、太田二〇一二）に倣えば、過去の部活動経験が現在の部活動指導と密接に関連している可能性も十分に考えられる。

（5）一一の質問項目を因子分析（主因子法・バリマックス回転）にかけて、因子抽出後の共通性が小さいものを除外していき、最終的に表3-1の結果を得た。因子負荷量〇・四以上の項目に着目して解釈すると（網掛け部分）、第一因子は「部活動指導によって、教員としての資質が向上する」（〇・七二）や「部活動指導と教科指導の両方に秀でてこそ、一人前の教員だ」（〇・七一）といった五項目で因子負荷量が大きく、教員としての役割と結び付けて部活動を捉えているものがほとんどであるため、「教員役割」と名付けた。一方、第二因子では、「部活動の顧問は楽しい」（〇・八四）の負荷量が最も大きく、「顧問をしている部の競技成績・活動成績を向上させたい」（〇・六六）、「勤務校のなかでは、部活動指導を熱心に行っている方だ」（〇・六六）が続いている。また、「部活動の顧問をストレスに感じる（逆転項目）」（〇・四七）も高いことから、部活動そのものに意義を見出す意識を表していると思われる。ここでは、突出して負荷量の大きい質問項目から「楽しさ」とした。

（6）内田ほか（二〇一八）の一九頁参照。一週間当たりの部活動日数が、五日（一三・七％）、六日（四四・八％）、七日（一八・六％）となっており、五日以上の者は合計で八七・一％に上る。

（7）以下では、使用する変数すべてに回答の得られた者に限って分析を進める（n＝一二六九）。

（8）六〇代はサンプル数が少なく、モデルが不安定になるため分析から除外した。なお、五〇代と合わせた分析も行ったが、そうすると五〇代に固有の影響関係が見えにくくなるため、本章では五〇代と六〇代を合算しない方針を採る。

(9) 本調査には、「過去一年間に、部活動に関して保護者からなんらかのクレームを受けた」という質問項目がある。「1：よくあった」、「2：ときどきあった」、「3：数回あった」、「4：なかった」の四件法で尋ね、簡略化して、「保護者部活動クレームダミー」を作成した(1〜3をまとめて「1：あり」、4を「0：なし」)。これと「保護者期待」との関連を検討すると、「保護者期待」ありと回答した一九四八名のうち、保護者から部活動へのクレームを受けたことが「ある」と答えた者は、一〇五五名(五四・二%)でおよそ半数である。この中には、保護者からのクレームを受けることで部活動指導にコミットしなければならなくなった者が一定数存在すると考えられる。その一方で、保護者からのクレームがなく、期待のみを感じ取っている教員も半数いる。こちらには、保護者期待を一身に引き受けて、主体的に部活動指導に臨んでいる者が多く含まれていると予想される。

(10) さらに、学校組織という視点を挿入すれば、両者を相互に関連するものとして捉え直すことも可能である。つまり、部活動指導に進んで取り組む教員の「主体性」によって、そうではない教員にまで部活動指導が強いられる「強制性」へと結びつき、結果として、学校組織全体で部活動指導に励む風土ができあがることで、主体的な教員はますます多忙となり、強制された教員もその磁場から逃れられなくなるという構造である。もちろんこれは、現段階での仮説にすぎないが、部活動指導に消極的な教員が顧問から離脱できない要因を、職場環境の中に多数見出した中澤(二〇一一)の知見を踏まえれば、あながち的外れなものとはいえないだろう。今後さらなる検討が求められる。

参考文献

今津孝次郎、二〇一七、『新版　変動社会の教師教育』名古屋大学出版会
伊勢本大、二〇一八、「一元化される教師の〈語り〉――「教師である」とはいかに語られるか」『教育社会学研

究』一〇二：二五九〜二七九頁
石山陽子・坂口守男、二〇〇九、「教員の職場内メンタルヘルスに関する報告（Ⅰ）――離職・病気休職者からの聞きとり調査をもとに」『大阪教育大学紀要　第Ⅲ部門』五七（二）：五九〜六八頁
伊藤美奈子、二〇〇〇、「教師のバーンアウト傾向を規定する諸要因に関する探索的研究――経験年数・教職観タイプに着目して」『教育心理学研究』四八：一二〜二〇頁
神林寿幸、二〇一五、「周辺的職務が公立小・中学校教諭の多忙感・負担感に与える影響――単位時間あたりの労働負荷に着目して」『日本教育経営学会紀要』五七：七九〜九三頁
片山悠樹、二〇一九、「「子ども理解」を妨げる教員の多忙感――中学校教員を事例に」『愛知教育大学研究報告　教育科学編』六八：五一〜五八頁
川村光、二〇〇三、「教師における予期的社会化の役割――どのような教師が教師文化を担うのか」『日本教師教育学会年報』一二：八〇〜九〇頁
川村光、二〇一二、「管理職への移行期における教職アイデンティティの再構築――小学校校長のライフヒストリーに着目して」『教育総合研究叢書』五：一〜一五頁
久保田真功、二〇一三、「保護者や子どもの問題行動の増加は教師バーンアウトにどのような影響を及ぼしているのか？」『日本教育経営学会紀要』五五：八二〜九七頁
久冨善之、一九九〇、「教員文化の社会学・序説」久冨善之編『教員文化の社会学的研究〈普及版〉』多賀出版、三〜八四頁
久冨善之、一九九八、「教師の生活・文化・意識――献身的教師像の組み換えに寄せて」佐伯胖・黒崎勲・佐藤学・田中孝彦・浜田寿美男・藤田英典編『岩波講座　現代の教育〈第六巻〉教師像の再構築』岩波書店、七三〜九二頁
久冨善之、二〇一二、「学校・教師と親の〈教育と責任〉をめぐる関係構成」『教育社会学研究』九〇：四三〜六四頁

紅林伸幸、一九九九、「教師のライフサイクルにおける危機――中堅教師の憂鬱」油布佐和子編『教師の現在・教職の未来――あすの教師像を模索する』教育出版、三二～五〇頁
教職員の働き方改革推進プロジェクト編、二〇一八、『学校をブラックから解放する――教員の長時間労働の解消とワーク・ライフ・バランスの実現』学事出版
永井聖二、一九七七、「日本の教員文化――教員の職業的社会化研究（Ｉ）」『教育社会学研究』三二：九三～一〇三頁
中澤篤史、二〇〇八、「運動部活動改革への保護者のかかわりに関する社会学的考察――公立中学校サッカー部の事例研究」『スポーツ科学研究』五：七九～九五頁
中澤篤史、二〇一二、「学校運動部活動への教師のかかわりに関する記述的研究――消極的な顧問教師が離脱しない／できない理由と文脈の考察」『一橋大学スポーツ研究』三一：二九～三八頁
太田拓紀、二〇一二、「教職における予期的社会化過程としての学校経験」『教育社会学研究』九〇：一六九～一九〇頁
酒井朗、一九九八、「多忙問題をめぐる教師文化の今日的様相」志水宏吉編『教育のエスノグラフィー――学校現場のいま』嵯峨野書院、二二三～二四八頁
佐藤学、一九九四、「教師文化の構造――教育実践研究の立場から」稲垣忠彦・久冨善之編『日本の教師文化』東京大学出版会、二一～四四頁
曽山いづみ、二〇一四、「新任小学校教師の経験過程――一年間の継時的インタビューを通して」『教育心理学研究』六二：三〇五～三二一頁
高木亮、二〇〇三、「教師のストレス過程メカニズムに関する比較研究――小・中学校教師のストレス過程モデルの比較を中心に」『日本教育経営学会紀要』四五：五〇～六二頁
内田良、二〇一七、『ブラック部活動――子どもと先生の苦しみに向き合う』東洋館出版社
内田良・上地香杜・加藤一晃・野村駿・太田知彩、二〇一八、『調査報告 学校の部活動と働き方改革――教師

の意識と実態から考える』岩波書店
山口真美、二〇一八、「学校が家庭に求める役割とその代替のリアリティ――社会経済的に厳しい校区を有する学校に着目して」『教育学研究』八五（四）：五三～六四頁

第三章のポイント

▼部活動立会時間がより長いのは、男性、正担任、運動部顧問、常勤講師、未婚、子どもあり、介護なし、二〇代・三〇代である。

▼部活動における多忙化要因には、年代によって共通する部分もありながら、教員のライフサイクルに応じた違いもある。

▼教員の部活動問題は、顧問を強制される「強制的多忙化」の問題と同時に、自ら積極的に部活動指導へのめり込む「主体的多忙化」の問題でもある。

第四章
教員のジェンダー・家族構成は部活動にどのような影響を与えるのか

Keywords▶ワーク・ライフ・バランス
子育て（世代）
性別役割分業

1 「部活未亡人」だけが問題か？

「部活未亡人」という言葉を聞いたことはあるだろうか。「部活未亡人」とは、平日・休日ともに部活動の仕事があることで家を不在にしがちな夫を持つ妻を指す言葉であり、夫に先立たれた妻のことを意味する「未亡人」をもじっている。現場の教員からは、部活動指導によって夫が家庭にいないことを問題視する文脈で用いられている。近年では、過剰な教員の労働実態をふまえて、家事・子育てに関与しない／できない男性教員を嘆く声として、多くは妻の側からSNS上で使われている（内田二〇一七）。この言葉は、一九九〇年代には書籍で確認できることから、昨今の部活動改革のなかで生まれた言葉ではなく、三〇年ほど前から使われている言葉であると考えられる。これは三〇年にわたって、部活動の顧問をすることが教員の家庭に影響を与えていることの証左だといえよう。

さて、この「部活未亡人」という言葉をいま一度考え直してみたい。これは「未亡人」、すなわち夫に先立たれた妻という意味を、平日・休日と部活動のために家にいない夫をもつ妻に重ねた言葉である。つまり、家にいないのは「夫」だという前提があり、夫が外に働きに行き、妻が家（家事・育児など）を支える、という状況が想定されている。しかし、当然ながら女性教員が部活動の顧問を担うケースや、また教員が共働きで家事・子育てを行うケースも考えられる。「部活未亡人」という言葉で、男性教員の部活動の負担と、その妻の家庭での負担が嘆かれる一方で、女性教員の部活動負担や、共働き教員における家事・子育ての負担は見過ごされているといえる。

そもそも、教員の働き方の議論において、「男性だから」または「女性だから」といったジェンダーの視点は等閑視されてきたといえる。先行研究では、教員を一つの集団とみなし、教員集団がどのような力学によって維持されているのかを明らかにする研究（中村二〇一六）、教員の性別、とくに女性教員に着目した研究（高島二〇一四、黒田ほか二〇〇九など）はあるものの、ジェンダーの視点や教員の家族構成などに言及する研究は少なく、実証的に明らかにしようとする動きも希薄である。

しかし、二〇一八年六月二九日には「働き方改革を推進するための関係法律の整備に関する法律」(働き方改革関連法)が施行され、「就業機会の拡大や意欲・能力を存分に発揮できる環境を作ること」が重視されている(厚生労働省二〇一八)。そのなかで、育児・介護といった労働者の家族への着目が集まっている。例えば、「働き方改革」と同時期に注目された言葉にワーク・ライフ・バランスがある。ワーク・ライフ・バランスとは、その名の通り、仕事と生活の両立である(内閣府二〇〇七)。長時間労働の改善といった労働そのものの改善だけでなく、労働者の生活者としての側面に注目が集まっているのである。このような流れは、労働時間が世界一とされる教員(国立教育政策所編二〇一四)においても議論されるべきであり、教員の働き方を「ワーク」と「ライフ」の両面から考えることが必要となるだろう。

そこで本章では、女性教員・男性教員といったジェンダーの視点と「教員の家族」の視点から、部活動と教員の働き方を見ていくこととする。

2 ジェンダー/「教員の家族」から部活動を探る
——使用するデータ・変数

本章では、「中学校教職員の働き方に関する意識調査」(以下、本調査とする)のデータを用いる。本調査の特長は、教員の実態と意識の両面を扱うことができる点にある。アンケート項目では、部活動の立会時間などの実態面と、部活動顧問をしたいと思うかなどの意識面の両方をたずねている。本調査の概要は、viii頁を参照してほしい。

本章の分析対象は、主幹教諭・教諭・常勤講師のうち、部活動顧問を担当している教員とした。本章で注目するのは、ジェンダーと「教員の家族」である。本調査では、ジェンダーについては自身の性別をたずねており、分析でも回答のまま用いる。教員の家族については「結婚しているか」「結婚している場合、配偶者は働いているか」「子どもがいるか」「介護を必要とする家族がいるか」という項目をたずねている。婚姻・配偶者の就労・子育て・介護といった教員の「ライフ」の側面を取り入れることで、学校の外にある生活者の側面から部活動の実態を明らかにすることを試みる(表4-1)。

部活動の実態を探る項目としては、週当たり立会時間を用いる。加えて、意識の側面として「部活動意識」変数を作成した。「部活動意識」変数は、部活動に対する意識についてたずねた七つの項目を合成して作成しており、七つの項目の影響を総合的に表現している。「部活動意識」変数の値が高いと部活動に対してポジティブな意識を持っていることを意味している。(1) 加えて、「来年度部活動顧問を希望するかどうか」という部活動顧問に対する未来志向の意識も分析対象とする。具体的な部活動に対する時間的側面と、精神的・意識的な側面の両方から部活動をとらえていく。

なお、ここでおさえておきたいのは、部活動は教育課程に定められた正規の業務ではないこと

表 4-1　使用した変数一覧

変数名	分類方法
性別	「女性」＝0,「男性」＝1
年齢	あなたの年齢を教えてください(2017 年 10 月 1 日現在). ⇒回答された実数を使用した.
顧問の有無	「あなたは現在, 部活動の顧問に就いていますか.」 ⇒「就いている」＝1,「就いていない」＝0
子どもの有無	「中学校入学以前のお子さんは何人いますか.」 ⇒0 もしくは無回答のものを 0, それ以外の数値を 1 とした.
介護の有無	「あなたは現在, 介護を必要とする家族や親族と一緒に住んでいますか.」 ⇒「はい」＝1,「いいえ」＝0
婚姻・配偶者就労の有無	「あなたは現在, 結婚していますか.」 ⇒「はい」＝1,「いいえ」＝0 「配偶者のいる方におたずねします. あなたの配偶者の就労状況は次のうちどれですか.」 ⇒「フルタイムで働いている」「パートタイムで働いている」＝1,「働いていない」＝0 以上 2 つの質問項目を基にして,「未婚」＝0,「配偶者非就労」＝1,「共働き」＝2
週当たり立会時間(単位：時間)	「(あなたが顧問をしている)部の活動に立ち会っている時間は, 1 日あたりの活動時間はどのくらいですか. 今年度 10 月における平均的な時間をお答えください.」 ⇒回答をもとに週当たりの立会時間を算出した.
部活動意識	「部活動の顧問をストレスに感じる」「勤務校のなかでは, 部活動指導を熱心に行っている方だ」「顧問をしている部の競技成績・活動成績を向上させたい」「自分は保護者から, 部活動において熱心に指導することを期待されている」「勤務校の中には, 部活動に関して自分よりも忙しい教員がいる」「科学的知識に基づいて部活動指導を行うことができる」 ⇒「とてもあてはまる」＝4,「どちらかといえばあてはまる」＝3,「どちらかといえばあてはまらない」＝2,「まったくあてはまらない」＝1
来年度顧問希望	「部活動顧問の希望についておたずねします. あなたは来年度, 部活動の顧問をしたいですか.」 ⇒「したい」＝1,「したくない」＝0

である。しかし、現状では実質的に教員の「業務」とみなされることが多いため、本章では「業務」＝「ワーク」とみなし、分析の対象として扱う。

3　分析視角――性別役割分業意識

ジェンダーや「教員の家族」に着目した分析を行う前に、「性別役割分業」という考え方について確認しておきたい。これは「夫は外で働き、妻は家庭を守るべきである」(男性は仕事、女性は家事・育児)というように、性別によって仕事と家庭が分業されていることを意味する。内閣府が行った「男女共同参画社会に関する世論調査」(二〇一九年九月調査実施、回答者数一二三八名)によると、性別役割分業意識を支持する(「賛成」「どちらかといえば賛成」)と回答した男性が三九・五%(六八八名)、女性が三一・一%(四三八名)であった。男女ともに、性別役割分業の意識は根強く、性別による役割の違いは男女で共有されているといえる。(2)教員においても、とくに男性において性別役割分業の意識が強い傾向が示されている(多々納・田原二〇〇一、鳥毛・鄭二〇二〇)。本章では、性別役割分業意識の是非については積極的に扱わないが、性別役割分業意識を「男性は外で仕事をし、女性は家庭の仕事(家事・育児)をする」という意識ととらえ、それが一定程度存在しているという前提を教員の世界においても共有されているものとして分析を進めていくこととする。詳細は後述するが、分析結果はこうした性別役割分業の意識に整合的な結果を示していた。

4 ジェンダー／「教員の家族」による違いはあるのか？
——部活動の実態と意識

それでは、部活動の実態面・意識面について、ジェンダーと「教員の家族」によってどのような違いがあるのかをみていこう。分析対象とした部活動顧問を担当している教員は、全体で九四・六%と九割を超えており、男性教員では九六・一%、女性教員では九二・四%である。部活動顧問を担当することは男女を問わず、教員にとって「当たり前」となっているといえるだろう(表4－2)。

表 4-2 「教員」における部活動顧問の担当人数

	顧問を担当している人数	「教員」における割合
全体(n＝3,155)	2,984	94.6%
女性(n＝1,319)	1,219	92.4%
男性(n＝1,836)	1,765	96.1%

注：「教員」とは主幹教諭・教諭・常勤講師全体を指す.

表 4-3 「教員の家族」に関する基礎集計

	女性		男性	
	N	%	N	%
婚姻有	646	53.7	1,239	70.4
共働き	613	94.9	928	74.9
子ども有	192	15.8	587	33.3
介護有	115	10.1	100	6.0
	N	平均値	N	平均値
年齢(平均値)	1,197	41.4	1,757	40.9

このような状況をふまえ、部活動顧問を担当している「教員の家族」の現状からおさえておきたい。「教員の家族」についてたずねている、「結婚しているか」「結婚している場合、配偶者は働いているか」「子どもがいるか」「介護を必要とする家族がいるか」というそれぞれの項目

表4-4　部活動立会時間（男女）

	平均値	標準偏差	最大値	最小値
全体（n＝2,920）	10.4	6.3	40.0	0
女性（n＝1,176）	8.3	6.0	40.0	0
男性（n＝1,744）	11.8	6.1	38.2	0***

***p<0.001

について、男女別に該当者割合を示したのが表4－3である。それによると、男性の七〇・四％、女性の五三・七％が結婚している。そのうち配偶者が就労している教員（共働き教員）は男性で七四・九％、女性で九四・九％であり、表中には示していないが、教員全体では八一・八％であった。二〇一五年に実施された国勢調査の結果では共働き世帯は六四・四％であることをふまえると（総務省統計局二〇一五）、教員には共働き家庭が多い様子がうかがえる。

子どもがいると回答したのは、男性教員のうち三三・三％、女性教員のうち一五・八％となっていた[3]。介護をしていると回答したのは、男性教員が六・〇％、女性教員が一〇・一％であった。平均年齢が男性教員で四〇・九歳、女性教員で四一・四歳であることをふまえると、本調査ではとくに子育て世代における実態を明らかにできると考えられる。

次に、部活動の実態・意識面をジェンダー、「教員の家族」の両面から見ていこう。まず、部活動の実態面として、部活動の立会時間（週当たり）である。表4－4によると、男性教員の平均立会時間が一一・八時間、女性教員が八・三時間である。男性教員の方が、立会時間が長いことがわかる。男女による立会時間の違いは統計的にも有意な差が認められた。

部活動の立会時間を、「教員の家族」に着目して集計したものが、表4－5である。それによると、女性教員においては、「教員の家族」に関する「婚姻有」、「婚姻有」のうち「共働き」・

「非就労(専業主夫)」、「子ども有」の項目において、女性教員の全体の平均値(八・三時間)を一〜二時間程度下回っていた。一方、男性教員の場合は、男性教員全体の平均値(一一・八時間)を「婚姻有」や配偶者の就労状況や「介護有」が若干下回ったり、「子ども有」だと若干上回ったりする

表 4-5　男女別　「週当たり立会時間」

		平均値	標準偏差	最大値	最小値
女性	婚姻有(n＝616)	7.1	5.7	1,740	0
	共働き(n＝589)	7.2	5.7	1,740	0
	非就労(n＝27)	6.7	6.4	1,680	0
	子ども有(n＝180)	6.3	5.5	1,620	0
	介護有(n＝110)	8.3	6.6	1,740	0
男性	婚姻有(n＝1,224)	11.7	6.2	2,290	0
	共働き(n＝917)	11.7	6.3	2,290	0
	非就労(n＝307)	11.7	6.1	2,190	0
	子ども有(n＝584)	12.4	6.2	2,290	0
	介護有(n＝100)	10.5	5.6	1,560	0

表 4-6　男女別　「部活動意識」に関する基礎集計

	平均値	標準偏差	最大値	最小値
全体(n＝2,876)	0.017	1.863	4.381	－4.108
女性(n＝1,153)	－0.793	1.721	4.066	－4.108
男性(n＝1,723)	0.559	1.754	4.381	－4.108***

***p<0.001

が、大きな変化は見られなかった。これらのことを単純に考えると、女性教員においてのみ「教員の家族」の影響があり、「教員の家族」の影響によって部活動指導の時間が短くなっていると考えられる。しかし、ここでは単純に平均値を比較しただけであるため、「教員の家族」の影響を正確に捉えることはできない。ここでは、「教員の家族」の影響を受ける可能性を示しつつ、次節において、詳細に見ていくこととしよう(表4-5)。

先に、部活動の意識面も併せておさえておく。意識面として用いるのは、「部活動意識」変数と「来年度部活動顧問希望」で

ある。

「部活動意識」変数は、部活動に対する意識についてたずねた七つの項目の影響を総合的に表現している。「部活動意識」変数の数値が大きいほど部活動に対してポジティブな意識を持っていることを意味している。表4-6には、「部活動意識」変数の平均値などを示した。それによると、女性教員の平均値はマイナス〇・七九三であるため、若干ではあるが部活動に対してネガティブな意識を持っているといえる。一方、男性教員は〇・五五九であるため、こちらも若干ではあるが部活動に対してポジティブな印象を持っているといえる。これら男女の違いは、統計的に有意な差として確認された(表4-6)。

部活動立会時間と同様に、「部活動意識」を「教員の家族」に着目して整理したのが表4-7である。「教員の家族」の各項目を見ると、女性教員の数値は「婚姻有」、「共働き」・「非就労(専業主夫)」、「子ども有」、「介護有」のすべての項目についてマイナスである。一方、男性教員はすべての項目でプラスの値を示していた。男女ともに、標準偏差を加味すると正負の符号が変わるため、大きな傾向とは

表4-7　男女別×「教員の家族」「部活動意識」

		平均値	標準偏差	最大値	最小値
女性	婚姻有(n=614)	−1.038	1.726	3.963	−4.108
	共働き(n=586)	−1.053	1.735	3.963	−4.108
	非就労(n=28)	−0.751	1.533	2.277	−3.345
	子ども有(n=182)	−1.264	1.777	3.751	−4.108
	介護有(n=112)	−0.842	1.472	3.778	−4.108
男性	婚姻有(n=1,205)	0.525	1.762	4.381	−4.108
	共働き(n=901)	0.492	1.755	4.381	−4.108
	非就労(n=304)	0.624	1.782	4.381	−4.108
	子ども有(n=570)	0.703	1.791	4.381	−4.108
	介護有(n=99)	0.212	1.720	4.066	−4.108

言えないが、女性教員は部活動に対してネガティブな意識を、男性教員はポジティブな意識を持つことが示されている。このことから、「教員の家族」がそれぞれの意識に対して影響を与えている可能性が示唆される（表４－７）。

同様に、「来年度、部活動の顧問をしたい」かどうかをたずねた項目についても、ジェンダーと「教員の家族」の側面に着目して集計したのが表４－８、表４－９である。男性教員では、「来年度、部活動の顧問をしたい」と希望したのは六四・七％、女性教員では三八・一％であった。これらの男女の違いは統計的にも有意な差が確認されており、男性教員の方が部活動顧問を継続して希望していることがわかる（表４－８）。

表 4-8　男女別「来年度部活動顧問希望」

	N	%
全体（n＝2,883）	1,556	54.0
女性（n＝1,164）	444	38.1
男性（n＝1,719）	1,112	64.7

表 4-9　男女別×「教員の家族」「来年度部活動顧問希望」

		N	%
女性	婚姻有（n＝619）	189	30.5
	共働き（n＝589）	181	30.7
	非就労（n＝30）	8	26.7
	子ども有（n＝183）	47	25.7
	介護有（n＝108）	38	35.2
男性	婚姻有（n＝1,200）	762	63.5
	共働き（n＝902）	556	61.6
	非就労（n＝298）	206	69.1
	子ども有（n＝572）	385	67.3
	介護有（n＝97）	55	56.7

このような男女の違いは、「教員の家族」に着目するとより顕著である（表４－９）。男性教員は「教員の家族」の状況がどのような状況であっても、基本的に六割程度は部活動顧問を希望している。一方、女性教員は「教員の家族」の状況を見ると、部活動顧問をしなくなる傾向が示されている。これらの結果から、

部活動顧問を希望するかどうかは、男性教員は「教員の家族」の影響を受けず、女性教員は「教員の家族」の影響を受ける、と単純化することができるだろう。しかし、立会時間や「部活動意識」と同様に、これらは単純集計を行ったに過ぎないため、「教員の家族」による影響だと結論付けることはできない。

次から、立会時間、部活動意識、部活動顧問の継続の三つの要素が、ジェンダーと「教員の家族」の影響をどのように受けているのかを検証していこう。

5 「教員の家族」によって生まれる差――男女による影響の違い

ここまでの傾向を男女別に整理すると、男性教員は部活動の立会時間が長く、部活動に対してポジティブな意識を持ち、来年度も顧問を希望する傾向にあり、「教員の家族」による影響を受けない。一方、女性教員は部活動の立会時間が短く、部活動に対してネガティブな意識を持ち、来年度の顧問を希望せず、「教員の家族」による影響を受ける、ということになる。しかし、これはあくまで各質問項目の回答を性別によって整理したに過ぎない。なぜ男女によって部活動の立会時間に違いがあるのか、部活動に対してネガティブな意識を持ったり、ポジティブな意識を持ったりすることに違いがあるのか。そして「教員の家族」は影響を与えているのか。引き続き、週当たり部活動立会時間、「部活動意識」変数、「来年度顧問希望」変数を用いて、これら相互の関係性を検証していこう(4)。

まず、週当たり立会時間である。表4-10には、男女別に分析結果を示し、表中の数字の正負は立会時間の長短を意味している。

表4-10　立会時間に関する重回帰分析

従属変数：週当たり立会時間	女性 標準化回帰係数	男性 標準化回帰係数
子どもの有無	−0.101**	0.004
介護の有無	0.008	−0.005
婚姻有無就労有無		
未婚	0.193*	−0.034
共働き	0.149	0.034
部活動意識	0.406***	0.315***
調整変数：年齢	−0.186***	−0.189***
定数(回帰係数)	713.246	916.644
調整済み決定係数	0.261	0.146
N	1,045	1,618

$^{***}p<0.001$, $^{**}p<0.01$, $^{*}p<0.05$

男性教員についての分析では、統計的に有意な結果が得られたのは、「部活動意識」と調整変数である年齢であった。「部活動意識」が高いほど、すなわち部活動に対してポジティブな意識を持っているほど立会時間が長い傾向を示している。年齢は高くなるほど、立会時間が短くなる傾向であった。そのほか「教員の家族」に関する変数には統計的に有意な差は確認されなかった。つまり、男性教員にとっては「教員の家族」が部活動の立会時間には影響を与えていないことを意味している。一方、女性の結果を見ると、異なる傾向が見られる。女性の場合は、子どもがいる教員では立会時間が短くなり、未婚の教員の立会時間が長くなる傾向が見られたのである。介護の有無や、共働き教員については統計的に有意な差が認められなかったことから、「教員の家族」のうち、

表4-11 「部活動意識」に関する重回帰分析

従属変数：部活動意識	女性 標準化回帰係数	男性 標準化回帰係数
子どもの有無	−0.026	0.004
介護の有無	0.013	−0.170
婚姻有無就労有無		
未婚	−0.216*	−0.051
共働き	−0.227*	−0.038
週当たり立会時間	0.433***	0.321***
調整変数：年齢	−0.069*	−0.114***
定数（回帰係数）	−0.609	0.326
調整済み決定係数	0.211	0.130
N	1,045	1,618

***p<0.001, **p<0.01, *p<0.05

「育児」の側面が女性教員の部活動の立会時間を短くさせ、未婚の女性教員において部活動立会時間が長時間化していることを指摘できる。

次に、「部活動意識」についてである。表4－11には男女別に結果を示している。表内の数字は、正ならば部活動についてポジティブな意識を、負ならばネガティブな意識を表している。

「部活動意識」では、男性教員において統計的に有意な差が確認されたのは立会時間と、調整変数の年齢であった。立会時間が長いと、部活動に対してポジティブな意識を持ち、年齢が高くなるにつれ、部活動に対してネガティブな意識を持つことが示された。立会時間を従属変数とした表4－10と同様に、「教員の家族」の影響は見られなかった。一方、女性教員においては、統計的に有意な差が確認されたのは、立会時間、年齢、未婚の教員、共働き教員であった。立会時間と年齢の傾向は男性教員と同じく、立会時間が長いと部活動にポジティブな意識を持ち、年齢が高くなるにつれ部活動に対してネガティブな意識を持つ傾向にあった。未婚の教員と共働き教員については、ともにマイナスの値を示した。これは、既婚の女性教員よりも未婚の女性教員の方が部活動に対してネガティブな意識を持ち、既婚女性の中でも共働きの女性教員は部活動に対してネガティブな意識を持っていることを意味している。

最後に、「来年度部活動顧問希望」についてである。表内の数字はオッズ比と言い、一が全く影響を受けていない状態だとして、一未満の場合は負の影響を（来年度部活動顧問を希望しない）、一より大きい場合は正の影響（来年度部活動顧問を希望する）を示している（表4－12）。

女性教員では、子どもがいる、もしくは介護をする必要のある教員では、オッズ比は一未満であるため顧問を希望しない傾向が見られたが、統計的には有意な差はなかった。その他の「教員の家族」に関する項目についても同様に統計的に有意な差は確認されなかった。統計的に有意な結果が得られたのは、「部活動意識」がポジティブな状態のみ来年度も部活動顧問を希望するというものであった。一方、男性教員の場合は、「教員の家族」の影響が見られた。

表 4-12 「来年度部活動顧問希望」に関するロジスティック回帰分析

従属変数：来年度顧問希望	女性 オッズ比	男性 オッズ比
子どもの有無	0.677	0.884
介護の有無	0.960	0.926
婚姻有無就労有無		
未婚	2.527	0.648†
共働き	1.956	0.696†
部活動意識	3.089***	3.043***
週当たり立会時間	1.000	0.999**
調整変数：年齢	0.995	0.971***
定数（回帰係数）	0.741	10.796
調整済み決定係数	0.342	0.344
N	1,009	1,580

***$p<0.001$, **$p<0.01$, $^{\dagger}p<0.1$

既婚・配偶者が働いていない教員を基準とすると、未婚・共働き教員において顧問を希望しない傾向が示され、統計的にも差が認められた。未婚の場合は、オッズ比が〇・六四八、配偶者が働いている場合は〇・六九六であるから、既婚・配偶者が働いていない教員に比べて、未婚・共働き教員が来年度顧問を希望する割合は約六〇〜七〇%程度ということになる。その他、部活動意識がポジティブな状態だと部活動顧問を希望しやすく、立会時間が長いと部活動顧問を希望しない傾向として統計的にも有意な差が示されていた。

6　ワーク・ライフ・バランスから負担を捉える

(1)　性別役割分業意識による部活動負担の違い

本章では、ジェンダーと「教員の家族」に着目し、週当たり立会時間といった実態面と、「部活動意識」・来年度顧問希望といった精神面・意識面から、部活動の教員負担を見てきた。ここまでの結果をまとめると、次の二点となる。

一点目として、立会時間・「部活動意識」・来年度顧問希望のすべての項目において、男性教員・女性教員の間に相異が見られた。具体的には、女性教員の方が週当たり立会時間は短く、部活動に対してネガティブな意識を持ち、来年度顧問を希望しない傾向にあった。

二点目として、これらの男女の違いには、「教員の家族」の影響が見られた。女性教員は子どもがいると立会時間が短くなり、既婚女性に比べて未婚の女性の方が立会時間が長くなる傾向があった。一方、部活動意識では既婚女性よりも未婚女性が、既婚女性の中でも共働きの女性教員が、部活動に対してネガティブな意識を持っていた。男性教員は、立会時間や「部活動意識」に対しては「教員の家族」の影響は見られなかったが、来年度顧問を希望するかどうかには、既婚の教員よりも未婚、既婚の教員の中でも共働きの教員のほうが顧問を希望しない傾向が示された。

これらの結果をジェンダーに即して考えると、男女によって「家庭」の影響が表れる個所の違いが見られる。女性教員には「家庭」の影響は立会時間や、部活動に対するネガティブな意識として表れていた。とくに、「育児」によって立会時間が短くなる一方で、未婚の女性教員は立会時間が長くなるといったように実態面での負担の大小が顕著である。意識面についても、未婚の教員や、共働き教員にとっては部活動に対してネガティブな意識が強く出ていた。これらの立会時間や部活動意識については、男性教員では「家庭」の影響は見られなかった。この背景には、女性教員にとって子育て・家庭と部活動顧問の両立に難しさを感じている現状や、未婚の女性教員の負担増があるといえるだろう。今回の調査からは、家庭・家庭の状況の細かな部分までは把握することはできないが、第3節にて説明した性別役割分業意識が教員の世界においては根強いことをふまえると、子どもをもつ女性教員には育児という家庭の仕事があり、それによって部活動指導に影響が生じ、未婚の女性教員の負担へとつながっている可能性も考えられる。

一方、男性教員の場合は、立会時間や「部活動意識」に対しては「教員の家族」の影響は見られなかった。「教員の家族」の影響が見られたのは、未婚の男性教員と共働きの男性教員において「来年度部活動顧問を希望したくない」という項目のみである。そもそも、週当たり立会時間は女性教員で平均八・三時間、男性教員で平均一一・八時間という長時間の業務となっている。そうしたなかで、男性教員は立会時間といった客観的な側面や、「部活動意識」といった意識的側面に「家庭」の影響が反映されることはなく、いきなり「顧問をしたくない」という意識につながっている。子ども有無から類推される子育てによる影響や、「ライフ」に関わる要素がまったく反映されないままに部活動顧問を続けることで、「顧問をしたくない」という意識につながっている可能性が考えられる。これらの点から、女性と同様に家庭や育児の側面がありながらも、その影響を受けられない男性教員の姿が見えてくる。これは、まさに本章冒頭で示した「部活未亡人」の現状をデータが裏付けているといえるだろう。

(2) 教員の「ライフ」から「ワーク」を考える

以上のことから、本章の主な知見として、部活動に対する「教員の家族」による影響は、女性教員にとっては子どもの有無と未婚・共働きかどうかが、男性教員にとっては未婚・共働きかどうかが影響を与えていると指摘できる。これらの知見から、これからの部活動に対する支援について考察することで、本章を締めくくりたい。

これまでの「教員の家族」に関する議論は、女性教員に特化したものが多い。それは本章でも指摘してきたように、性別役割分業意識に基づいて、「女性は家庭の仕事をやらなければいけない」とする考えが教員の世界においても前提とされていることを念頭に置いているものと考えられる。現状においても、性別役割分業意識が根強いことをふまえると、「当たり前」にされている女性教員の見えない負担は今後も議論される必要があるだろう。具体的には、子育て世代に対する支援であり、子育てと部活指導、ひいては子育てと教員という仕事が持続可能な形式となるような支援を柔軟に実施する必要があるだろう。

一方で、これまで議論の蚊帳の外に置かれていたのが、男性教員の負担についてである。性別役割分業の議論でいうならば、男性は家庭の外で働き続ける必要性が述べられているため、働くことに対してブレーキがかかりにくい。家事・育児・介護といった、いわゆる「家庭の仕事」を家族の構成員がどのように分担するかは当然ながら家庭によって異なるし、画一的な決まりがあるわけではない。しかし、ワーク・ライフ・バランスとして仕事と家庭、または趣味といった個人の活動を包括的に考えたときには、性別に関係なく、「ワーク」の部分と「ライフ」の部分のバランスを考える必要がある。男性教員にとって、育児があることや、共働きであることなど、家庭の状況の変化が、「ワーク」の部分に反映され、支援が講じられる必要があるだろう。

本章では、ジェンダーと「教員の家族」に着目し、部活動の実態について教員の「ワーク」と「ライフ」における負担という側面から分析・考察を進めてきた。明らかになったことは、女性教員・男性教員それぞれの負担であり、「ライフ」によって「ワーク」に大きな影響が生じている教員の姿である。その背景には個々人の事情や家庭環境による違いだけでなく、職場や社会の性別役割分業意識といった構造的な要因も考えられる。「女性の仕事」「男性の仕事」といった区別が問い直され始めている現代において、教員の働き方や部活動の在り方も再考される時期に来ているといえるだろう。加えて、本章では、教員の「負担」に目を向けていたが、教員の就業意識には、長時間の労働でありながらもやりがいを感じているとする報告もある(内田ほか二〇一八)。負担とやりがいは表裏一体であるともいえよう。そのため、部活動における教員のやりがいを削ぐことなく、「ワーク」と「ライフ」のバランスを考えていく必要性を指摘しておきたい。

注

(1) 「部活動意識」変数は、主成分分析を用いて算出した。主成分分析とは、複数の変数(質問項目)についての回答を一つの変数にまとめる方法である。一つの変数にまとめる際に、単純に結果を足し合わせるのではなく、回答者数の違いを考慮して各回答に重みづけ(加重平均)を行う。そのため、作成された変数はまとめられた各変数の値の違いの幅(分散)をよりよく表現することができる。主成分分析の結果、第一主成分の固有値は三・四五、寄与率は四九・三%であった。これは、三つ程度の質問の回答を集約し、部活動意識について五割程度説明していることを意味している。他に六つの主成分が算出されたが、固有値、寄与率の観点から本章では第一主成分のみを採用した。第一主成分の主成分負荷量は表4-13の通りである。

(2) 内閣府が行った「男女共同参画社会に関する世論調査」(二〇一九年九月調査実施)では、性別役割分業の意識に対して「賛成」「どちらかといえば賛成」としたのは、回答した二六四五名のうち三五％（九二五名）、「反対」「どちらかといえば反対」としたのは、五九・八％（一五八一名）であった。これらの数値を男女別に見ると、男性（回答者一二三八名）では、「賛成」「どちらかといえば賛成」と回答したのは三九・五％（四八八名）、「反対」「どちらかといえば反対」と回答したのは五五・六％（六八八名）。女性（回答者一四〇七名）では、「賛成」「どちらかといえば賛成」と回答したのは三一・一％（四三八名）、「反対」「どちらかといえば反対」と回答したのは六三・四％（八九二名）であった。

（３）本調査において、「現在、結婚していない」かつ「子どもがいる」と答えた方は男女合わせて九名（全体の一・〇九％）であり、ごく少数であるため分析に堪えないと判断した。そのため、以降の分析では、「子どもがいる」と答えた方は分析の便宜上「現在、結婚している」として扱う。いわゆるシングルマザー、シングルファーザーを分析の射程に入れられないことは、本章の残された課題である。

（４）分析では、従属変数を週当たり立会時間とした重回帰分析、従属変数を部活動ストレス・部活動楽しい・来年度顧問希望としたロジスティック回帰分析を行った。それぞれの分析では、独立変数を「教員の家族」に関する子どもの有無・介護の有無・婚姻と配偶者就労の有無とし、調整変数として年齢を用いた。

表4-13　主成分分析の結果

		第一主成分（部活動意識）
主成分負荷量	部活動顧問楽しい	0.444
	勤務校部活動指導熱心	0.451
	部の成績向上	0.427
	保護者期待	0.364
	自分より忙しい教員	−0.213
	部活動科学的知識	0.400
	部活動顧問ストレス	−0.282
寄与率		49.3%

参考文献

厚生労働省、二〇一八、「「働き方改革」の実現に向けて」(https://www.mhlw.go.jp/stf/seisakunitsuite/bunya/0000148322.html　最終アクセ

ス二〇二〇年一一月二五日）
内閣府、二〇〇七、「仕事と生活の調和（ワーク・ライフ・バランス）憲章」（http://wwwa.cao.go.jp/wlb/government/20barrier_html/20html/charter.html　最終アクセス二〇二〇年一一月二〇日）
内閣府、二〇一九、「男女共同参画社会に関する世論調査」（https://survey.gov-online.go.jp/r01/r01-danjo/index.html　最終アクセス二〇二〇年一一月二〇日）
国立教育政策所編、二〇一四、『教員環境の国際比較――ＯＥＣＤ国際教員指導環境調査（ＴＡＬＩＳ）二〇一三年調査結果報告書』明石書店
中村瑛仁、二〇一六、「教員世界における格差――職場における承認感に着目して」『大阪大学教育学年報』二一、一三三〜一四四頁
総務省統計局、二〇一五、「平成二七年国勢調査　ライフステージでみる日本の人口・世帯」（http://www.stat.go.jp/data/kokusei/2015/pdf/life12.pdf　最終アクセス二〇二〇年一一月二〇日）
黒田友紀・杉山二季・望月一枝・玉城久美子・船山万里子・浅井幸子、二〇〇九、「小学校における学年配置のジェンダー不均衡」『東京大学大学院教育学研究科紀要』四九、三一七〜三二五頁
高島裕美、二〇一四、「教員の職場における「ジェンダー・バイアス」――女性教員の職務配置の在り方に着目して」『現代社会学研究』二七、三七〜五四頁
多々納道子・田原泰子、二〇〇一、「中学校教員のジェンダー観の形成要因」『島根大学教育臨床総合研究紀要』一〇一〜一一五頁
鳥毛彩花・鄭暁静、二〇二〇、「中学校教員のジェンダーに関する意識と実態――長野県中学校教員への質問紙調査を通して」『信州大学教育学部研究論集』一四、一九七〜二〇六頁
内田良、二〇一七、『ブラック部活動――子どもと先生の苦しみに向き合う』東洋館出版社
内田良・上地香杜・加藤一晃・野村駿・太田知彩、二〇一八、『調査報告　学校の部活動と働き方改革――教師の意識と実態から考える』岩波書店

第四章のポイント

▼女性教員は育児が部活動への参加日数・時間に大きな影響を与える一方、男性教員に育児による影響は見られない。

▼女性教員は結婚の有無・年齢・共働きかどうかが、部活動へのネガティブな意識に影響を与えているが、活動日数・時間そのものへの影響は見られない。

▼男性教員は結婚の有無・年齢・共働きかどうかが、顧問を継続するかどうかに影響を与えている。

第五章 経験者割合は部活動にどう影響しているか

——生徒の小学生時代のスポーツ経験に着目して

Keywords▶ 小学生のスポーツ
競技者養成システム
部活動の過熱

1 経験者の多い部活動、初心者が多い部活動

まず、個人的なエピソードから紹介したい。筆者は小学三年から剣道を始めた。近所の高校の道場を使用して活動する、地元のスポーツ少年団に入団したのである。週に数回、地元の剣道経験者に指導してもらいながら、剣道の作法や基本的な動きを身に付けた。小学六年のころには団体戦のメンバーとしていくつかの大会で入賞するようになったから、そこそこ腕も上がっていたと思う。

その後、中学校に入学してからも剣道を続けた。中学校では同じ道場の中に、床のスペースと、畳のスペースがある。床のスペースは筆者の所属する剣道部が、畳のスペースは柔道部が使う。今思うと興味深いのは、同じ道場を共有しているにもかかわらず、両部の雰囲気がまったく違ったことである。

剣道部は、とにかく試合で勝利することを第一に活動していた。週の練習回数が多く、また練習試合も頻繁に行われていた。部員数も多かったため、レギュラー争いが起き、部員間の関係は緊張感のあるものだった。それに対し、柔道部は少人数で、練習はそれほど頻繁ではなく、和気あいあいとした雰囲気で活動しているようだった。大会での成績は剣道部の方がよかったのだが、隣の柔道部の様子を見ながら、その雰囲気をうらやましく感じたのを覚えている。

両者の違いはなぜ生まれたのだろうか。顧問の方針や部員の意識など、考えられる要因はいくつかある。ここで注目したいのは、剣道部に入部する部員のほとんどが経験者であったことである。多くの部員は、筆者が参加していたのと同じスポーツ少年団で小学生から剣道を習っていた。そのため、入部してすぐに試合ができるほど、技術が身についていた。しかし柔道部の場合、新入部員にはほとんど経験者がおらず、初心者で占められていた。初心者が多ければ、入部当初は基礎練習に時間をかけざるをえない。そのような状況では、勝利を目指した厳しい練習はしにくいだろう。経験者が多くを占める部活動と、初心者が多くを占める部活動では、その性格はかなり異なったものになるのではないだろうか。

本章の目的は、この筆者の経験に着想を得て、スポーツの低年齢化により経験者が一定数を占めるようになった中学校部活動の現状を明らかにすることである。次節で述べるように、日本では一九六〇年代ごろより小学生時からの競技者養成システムが形成されてきた。それにより近年では、小学生時からスポーツを始めることが増え、中学校部活動では部員のほとんどを経験者が占めることも珍しくなくなっている。そのような経験者中心で構成される部活動と、初心者中心で構成される部活動の間には、どのような違いが見られるのか。それを調査データにより検討する。

部活動についての議論では、中学・高校で現に行われている部活動にのみ焦点が当てられることが多い。しかし、生徒が部活動に入る前の経験も含めた、競技者養成システム全体も含めた議論が必要であることが、本章から見えてくるはずである。

2 小学生スポーツの拡大

まずは、小学生スポーツの拡大について見ておこう。戦後、中学・高校部活動が拡大してきただけでなく、小学生がスポーツをする機会もまた拡大してきた。ただし、小学生が主に参加するのは、学校内で行われる運動部活動ではなく、スポーツ少年団や民間スポーツクラブ（以下、民間クラブと表記）といった学校外の団体である。

表5-1　小学生・中学生のスポーツ団体参加率(%)

	部活動	民間クラブ	地域クラブ	民間・地域いずれか／両方
小学生(5・6年) N＝307	30.6	30.3	34.2	57.3
中学生 N＝514	67.1	9.3	9.3	17.9

出典：笹川スポーツ財団「10代のスポーツ・ライフに関する調査2015」より作成

表5－1に、笹川スポーツ財団が二〇一五年に行った調査から、小学生と中学生のスポーツ経験率をまとめた。小学生で部活動をしている者は約三割いる。しかし、特徴的なのは、学校外の団体に参加する者の多さである。民間クラブ・地域クラブ(スポーツ少年団など)の参加者がそれぞれ三割ほどで、その両方あるいはいずれかに参加する小学生は約六割を占める。ところが、中学校に入学すると、民間クラブ・地域クラブの所属者はそれぞれ一割ほどへと減少し、代わりに部活動所属者が約七割を占めるようになる。

さらに図5－1では、小学生(五・六年)の主な習い事実施率を種類別にまとめた。学習塾やピアノのほか、スポーツでは水泳やサッカーの実施率が高いことがわかる。また、それらほどではないが、野球や空手、テニス、バスケットボールを習う小学生も一定数いる。

このように小学生スポーツが拡大した大きなきっかけとなったのは、一九六四年の東京オリンピックであった。スポーツ少年団は、東京オリンピックを契機に日本体育協会(現日本スポーツ協会)によって発足された。『日本体育協会五十年史』(日本体育協会一九六三)によれば、一九六〇年五月に、「とかく無目標、無目的になりがちな大多数の青少年を健全な方向に向けさせる」ことを趣旨としたオリンピック青少年運動推進準備委員会が開かれ、スポーツ少年団の発足について

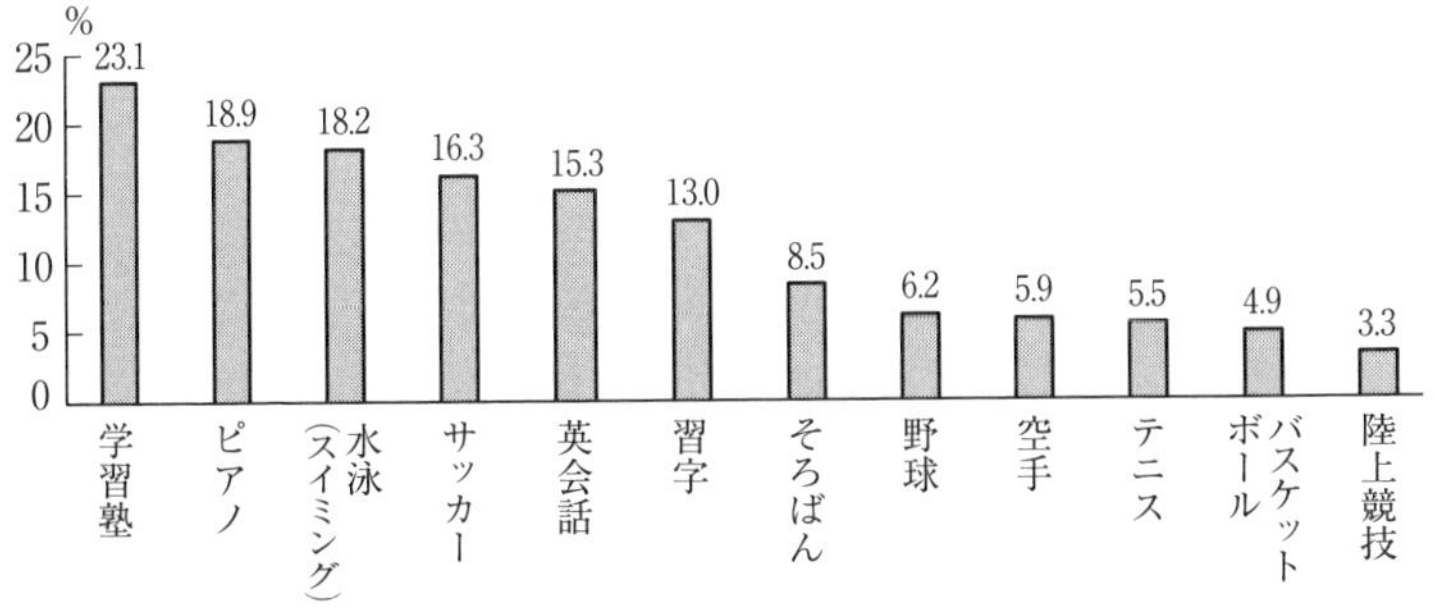

図5-1　小学生（5・6年）の習い事実施率（主要なもの）
出典：笹川スポーツ財団「10代のスポーツ・ライフに関する調査2015」より作成

議論が始まった（一三四～一三七頁）。そして一九六二年に、日本体育協会創立五〇年記念事業の一つとして、スポーツ少年団が結成された（同上）。その後、教育委員会と地方体育協会が連携し、補助金等の助成を通じて、スポーツ少年団は全国に広げられていった（関一九九七、七五頁）。

さらにスポーツ少年団と同時期に、民間クラブの設立も進んだ。一九六四年の東京オリンピックは、「いままでの枠組みを超えて、新たな少年期からの一貫指導体制づくりの重要性を認識させる機会にもなった」（松尾二〇一五、五三頁）。そうした意識の変化を受け、水泳やサッカー、体操といった競技で民間クラブの設立が相次ぎ、今日まで団体数・参加者数を増やしてきた（松尾二〇一五）。

表5－2は国立青少年教育振興機構が行った成人への振り返り調査から、小学校低学年・高学年におけるスポーツクラブ・少年団の参加率の変化をまとめたものである。一九六二年以降に小学校に入学した世代では、民間クラブや少年団を経験したのは一～二割ほどであった。その後徐々に上昇し、

表5-2　小学校のスポーツクラブ・少年団参加率の推移

調査時の年齢	小学校入学	スポーツクラブ・少年団参加率(%)	
		低学年	高学年
60代	1962年以降	10.3	16.7
50代	1972年以降	17.3	30.9
40代	1982年以降	26.3	42.3
30代	1992年以降	33.7	46.7
20代	2002年以降	36.0	45.5

出典：国立青少年教育振興機構(2018)より作成

一九八二年入学者以降は高学年の約四割が民間クラブや少年団を経験するようになっている。また、低学年の経験率も徐々に上昇しており、二〇〇二年以降に入学した世代では三六・〇%が経験している。このように、一九六〇年代から現在にかけて、小学生がスポーツを経験する機会は増加してきたといえる。

なお、こうした小学生のスポーツ経験の拡大の背後には、競技者養成システムの整備という要因のほかに、高校・大学進学率上昇に伴う保護者の教育意識の変化という要因もある。今津(一九七八)は、高度成長期以後の教育における競争構造の変化について述べている。それによれば、当時新しく出現したのは、「超学歴競争」意識と呼ぶことのできる教育意識であった。すなわち、進学率の上昇により学歴は安定した生活を送るための最低条件となり、学歴に加えて各種能力を獲得しようとする競争が生まれるようになったという。そしてその各種能力を子どもに身につけさせるために重宝されるようになったのが、ピアノや習字、スポーツなどの「おけいこごと」であった。いわば、スポーツ関係者と保護者の双方のねらいが合致したことにより、小学生からのスポーツ機会は拡大してきたのである。

小学生のスポーツ機会の拡大は、中学生になる前にある程度競技に熟練している者が増えることを意味する。つまり、中学生になって初心者として初めて競技に接するのではなく、経験者として一定の技量を身につけた状態で入部する中学生が増加していると考えられるのである。このことは、中学校部活動のあり方にも何らかの影響を及ぼしていると予想される。

3 部活動と民間・地域クラブの関係性

次に、民間クラブや地域スポーツクラブについての先行研究を確認しておきたい。本章は、学校内の運動部活動と学校外の組織的スポーツの関係性について、小学校から中学校段階への影響に焦点を当てている。だが、従来このテーマにおいては、同じ学校段階の生徒が参加する運動部活動とスポーツ少年団・民間クラブとの関係性に焦点が当てられることが多かった。

まず、運動部活動とスポーツ少年団との関係性に言及した研究では、それらの関係は、生徒のスポーツの場を学校外へ移す、運動部活動の社会体育化の失敗として理解されてきた。中学・高校運動部活動についての体系的な研究である中澤(二〇一四)によれば、スポーツ少年団は当初、「運動部活動のオルタナティブになることを期待して設立された」(一〇三頁)。ところが、小学生のスポーツ少年団への加盟率は上昇してきた一方、中高生の加盟率は低迷し続けている(一〇四〜一〇五頁)。スポーツ少年団が中学・高校運動部活動の代替となることはできなかったという。

民間クラブの発展と、それが中学・高校運動部活動に及ぼしている影響については、松尾(二〇一五)が最も体系的な研究である。氏は東京オリンピック以後の民間クラブの発展過程において発生した、学校運動部活動と民間クラブの間の象徴的闘争を分析している。それによると、もともと学校運動部は、「正しいスポーツのあり方」「スポーツ指導の正しいあり方」、そして「強さの証明」という点で正当性を持っていた。しかし、水泳や体操、サッカーといった競技では、民間クラブの競技実績が顕著になりつつあることで、学校運動部はそれまで有してきた文化的正当性が揺らぎ、困惑や葛藤が生まれているという(松尾二〇一五、第四章)。さらに、高校サッカー部と民間サッカークラブへの調査から、民間クラブが競技性を強調するのに対し、学校部活動では人間教育が強調されると指摘している。運動部指導者は、クラブ競技者が合理的に練習できることを認めつつ、礼儀作法や人間性といった点では問題があると認識しており、民間クラブとの対比の中で、学校運動部活動の人間教育の場としての意義を再認識しているのだという(第七・八章)。

松尾の研究は、新たに台頭してきた学校外のスポーツ機会の特性を明らかにしており、さらにそれとの比較によって中学・高校運動部活動の特性を描き出すことにも成功しているように思われる。しかし、そこで取り上げられているのは、同じ中学・高校段階の生徒を対象とした民間クラブと部活動であり、小学校段階での民間クラブや地域クラブの発展が中学校以降の部活動に及ぼしている影響は分析されていない。中学・高校段階の子どもを対象とした民間クラブや地域クラブが発展してきているとはいえ、全体的な規模はそれほど大きくない。むしろ、前節で見たように、民間クラブや地域クラブ[illegible]のは小学校段階である。中学・高校段階で民間・地域クラブで活動する者よりも、小学生時に民間・地域クラブで各種競技を経験したうえで、中学・高校部活動でその競技を継続する者の方が多いのではないだろうか。

その点で参考になるのは、小学校段階でのスポーツ少年団参加経験と中学校入学以後の運動部活動の連続性に注目した水上(二〇〇五)である。氏は、日本体育協会と横浜国立大学が山形県の高校生に対して行った調査結果をもとに、スポーツ少年団から中学校運動部への運動継続について検討している。それによると、運動継続には大きく分けて三つのパターンが見られたという。最も多かったのは、小学校四年から少年団で活動し始め、中学校三年まで競技活動を続けた者であり、全体の約三〇%を占めていたという。これに次いで、少年団に所属せず中学校で三年間運動部を継続した者が約二八%、少年団に所属せず中学校の運動部を一、二年で退部した者が約二四%を占めている。しかし、小学校からの経験者が中学校部活動でどのような活動をしているのかは、明らかになっていない。

それでは小学校からの経験者は、中学校部活動でどのような活動をしているのだろうか。これについての調査結果として、西島編(二〇〇六)がある。氏らは二〇〇〇年代初頭に行った中学生対象の質問紙調査から、中学校部活動に参加する者の小学生時の経験について尋ねている。中学校部活動参加者のうち、今の部活動で行う活動を「地域のクラブや教室で」あるいは「小学校の部活動で」行っていた割合が、それぞれ三割ほどにのぼるという。また、小学生時に経験がある者ほど、中学校部活動へのコミットメントが高く、また「部員とのおしゃべり」よりも「練習や活動そのもの」や「試合やコンクール」を楽しみにする傾向があると指摘されている。小学生時の経験が、中学校部活動の過熱や競技への志向性に影響を与えることを示唆する結果である。

また本章とは対象が違うが、中学校までに民間クラブを経験し、高校では部活動に参加する者の特徴については、黒須(一九八七)による研究がある。氏は全国高等学校庭球選手権大会に参加した高校テニス部の選手のうち、民間テニスクラブに所属してきた「クラブ育ち」と、学校運動部だけでテニスを経験してきた「運動部育ち」の違いを分析している。それによれば、「クラブ育ち」の選手の場合、「運動部育ち」よりもテニスの経験年数が長く、上位の成績へと勝ち上がることが多いという。そして、「クラブ育ち」の選手は学校運動部に対して、練習量やその内容、施設設備に対して不満を持ちやすいことなども明らかにされている。この知見を参考にすると、小学校段階で民間クラブに所属し、中学校段階で部活動に参加する「クラブ育ち」の生徒も同様の傾向を示すことが予想される。また、そうした経験者数の多寡により、中学校部活動の競技実績や活動への意識に差異が生じることも考えられる。

以上の先行研究の状況を踏まえて、本章では、中学校教員に対する質問紙調査から、経験者で構成される部活動はどのような特徴があるのかを分析し、小学生スポーツの拡大という観点から中学校部活動の今について考察したい。

4　使用するデータ

本章では、他章と同様に「中学校教職員の働き方に関する意識調査」から得られたデータを分析する。本調査は、中学校教職員の働き方や部活動への関与を明らかにするために行われたものである。しかし、各教職員の部活動への関与に加え、顧問を務める部や部員についての質問項目も設けている。活動時間、練習試合の頻度など、各教員が顧問をする部の特徴を知ることができる。そのため、教員を対象とした調査であると同時に、各学校中の個別の部についての調査とみなすこともできる。本章では、この調査から得られた一四四六ケース(部)を分析対象とする。(1)

表5-3に、データの分析に使用する質問項目や、各回答への数値の割り当て方法をまとめた。また表5-4は、各項目の平均値などをまとめた記述統計である。使用する主な項目は、各部に所属する部員のうち経験者が占める割合を示す「経験者割合」、各部の大会での成績を表す「大会実績」、過熱した活動実態を測るための「週当たり活動時間」、「年間練習試合日数」である。このほかに、適宜「部員数」、「都道府県」も加味して分析する。以下では、「経験者割合」を軸に、小学生スポーツの整備が進んだ現在、どの競技に経験者が多くいて、どの競技に初心者が多いのかを確認する。そして、経験者割合の高い競技では、活動内容にどのような特徴があるのかを検討する。

表 5-3　変数の作成

変数名	質問項目	選択肢	数値の割り当て
経験者割合	「その部(筆者注：顧問をする部)では，中学入学以前に学校の授業以外でその活動を経験していた生徒の割合はどのくらいですか．近いものをお答えください」	ほぼ全員	80
		半数程度	50
		2〜3 割程度	25
		1 割程度	10
		ほぼいない	0
		わからない	欠損値
大会実績	「その部(筆者注：顧問をする部)のここ 3 か年における大会・コンクール等の実績でもっともよいものを教えてください」	全国レベルの大会に出場	3
		地域ブロックレベルの大会に出場	2
		都道府県レベルの大会に出場	1
		地区レベルの大会に参加したのみ	0
		参加したことがない	※選択者なし
		大会はなかった	
週当たり活動時間	活動している曜日と，平日と休日の活動時間をそれぞれ尋ねた質問項目から，「週当たり活動時間」を算出		
年間練習試合日数	「その部(筆者注：顧問をする部)では今年度，他校との練習試合を何日くらい行いますか」	35 日以上	40
		25〜35 日未満	30
		15〜25 日未満	20
		10〜15 日未満	12
		5〜10 日未満	7
		5 日未満	2
		行わない	0
部員数	「2017 年 10 月 1 日現在，その部の部員数(所属生徒数)は何人ですか」		

表 5-4　使用する変数の記述統計

変数	平均値	標準偏差	最小値	最大値
経験者割合	29.8	31.1	0	80
大会実績	0.8	0.9	0	3
週当たり活動時間	946.4	324.0	120	2,640
年間練習試合日数	16.4	13.0	0	40
部員数	19.3	13.3	1	100

5 分析結果

(1) 中学校部活動全体の中の経験者

まずは、中学校運動部の中に、経験者の多い部がどれほどあるのかを見てみよう。図5－2に、中学校運動部全体における経験者割合の内訳を示した（なお、わかりやすくするために、「一割程度」と「二～三割程度」を統合し、「一～三割程度」としている）。最も多いのは「ほとんどいない」で、三六・〇％を占める。他方で、「ほとんど全員」が経験者で占められる部が二〇・七％存在する。この結果は、中学入学時点ですでに競技を経験している者が一定数いることを意味する。

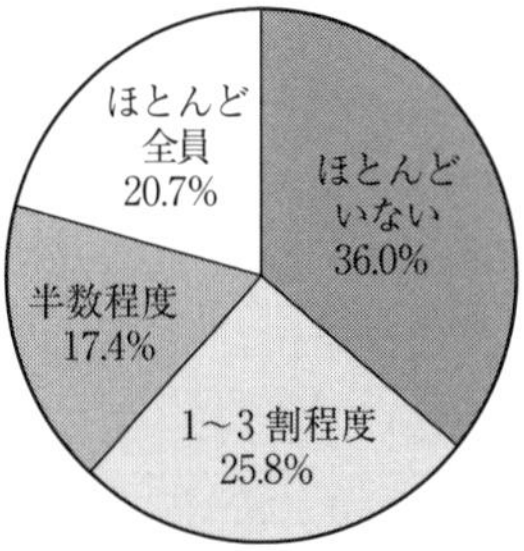

図5-2　経験者割合の内訳

図5－3は、競技別に経験者割合の内訳を示したものである[2]。これを見ると、野球やサッカーの場合、約半数の部が「ほとんど全員」経験者で占められていることがわかる。中間的な位置にあるのがバスケットボール、剣道であり、経験者が「ほとんどいない」部が二割ほどあると同時に、「ほとんど全員」経験者である部も一～三割ほどある。他方、バレーボール、バドミントン、テニス、陸上競技、卓球の場合、多数（約四～七割）は経験者が「ほとんどいない」部で占められている。ただし、これら経験者の少ない競技であって

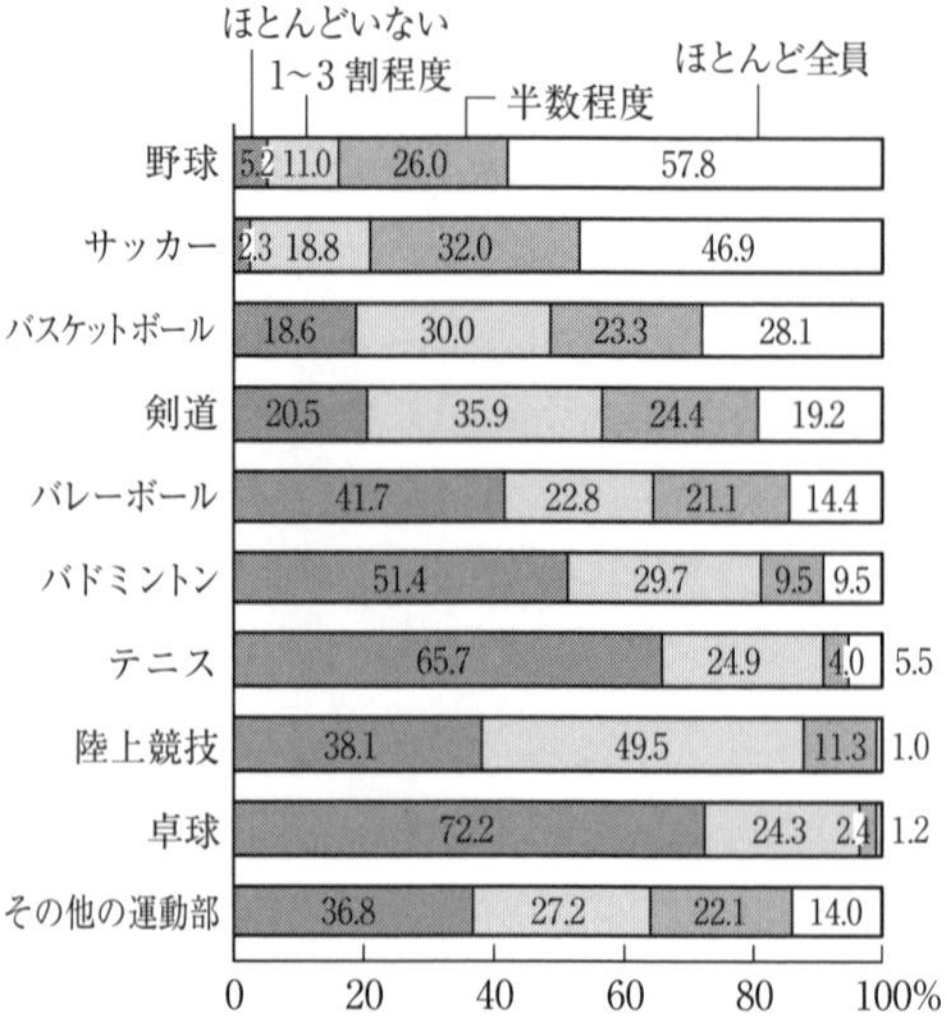

図5-3　競技別に見た中学入学以前の経験者割合

も、経験者を多く擁する部が一部に存在する。たとえば、バレーボールでは、少数派であるものの「ほとんど全員」経験者の部が一四・四％存在する。

(2) 経験者割合と過熱の関連

次に、経験者割合と活動の過熱の関係について見ていこう。表5-5に、競技別に経験者割合、週当たり活動時間、年間練習試合日数の平均値をまとめた。まずここからは、前項の結果と同様、競技によって経験者の多寡が異なることがわかる。野球やサッカーが最も経験者割合が高く、バドミントン、テニス、陸上競技、卓球は経験者割合が低い傾向がある。また、週当たり活動時間、年間練習試合日数も競技によって差が見られる。

ここで表5-5から、図5-4・5-5を作成した。経験者割合の平均値を横軸に、週当たり活動時間、年間練習試合日数をそれぞれ縦軸にとり、各競技をプロットしたものである。図

5－4からは、経験者割合の平均値が高い競技ほど、年間練習試合日数の平均値が高い傾向が見られる。二つの変数間の関連の強さを示すスピアマンの順位相関係数は、〇・八三であった($p<0.01$)。両者の関連は強いと言える。また図5－5からも、おおむね経験者割合の平均値が高い競技ほど、週当たり活動時間の平均値も高い傾向が見られる。統計的には有意ではなかったが、スピアマンの順位相関係数は〇・四二であった($p=0.23$)。この結果は、経験者が多く存在する競技で、活動がより過熱していることを示している。

ここで、小学生スポーツが拡大したことにより、経験者が中学校運動部に参加するようになったことを思い起こしてほしい。野球やサッカーは小学生の経験率が高い競技であり、図5－4・5－5でも右上の方(経験者割合も練習量・試合数も多いグループ)に位置している。これらの競技では、小学生時から競技へ熟練する者が増えたことで、中学校の部活動が長時間化し、練習試合の頻度が高まっていると考えられる。

表 5-5　競技ごとに見た経験者割合，活動時間，練習試合日数の平均値

	経験者割合(%)	週当たり活動時間(分)	年間練習試合日数(日)
野球	61.3 (25.3)	1098.6 (362.2)	26.2 (12.9)
サッカー	57.5 (24.3)	992.4 (304.2)	23.5 (13.2)
バスケットボール	39.7 (30.5)	975.2 (310.4)	20.3 (11.2)
剣道	34.2 (28.7)	766.9 (270.0)	12.5 (10.6)
バレーボール	26.2 (29.3)	1048.2 (347.4)	22.9 (12.6)
バドミントン	16.5 (25.5)	879.6 (264.9)	8.5 (7.5)
テニス	10.3 (20.5)	917.9 (296.7)	12.2 (9.6)
陸上競技	15.8 (17.5)	865.4 (267.6)	4.5 (7.7)
卓球	5.5 (12.8)	871.7 (298.2)	10.2 (8.8)
その他の運動部	26.7 (28.8)	863.8 (320.1)	12.3 (12.7)

注：括弧内は標準偏差.

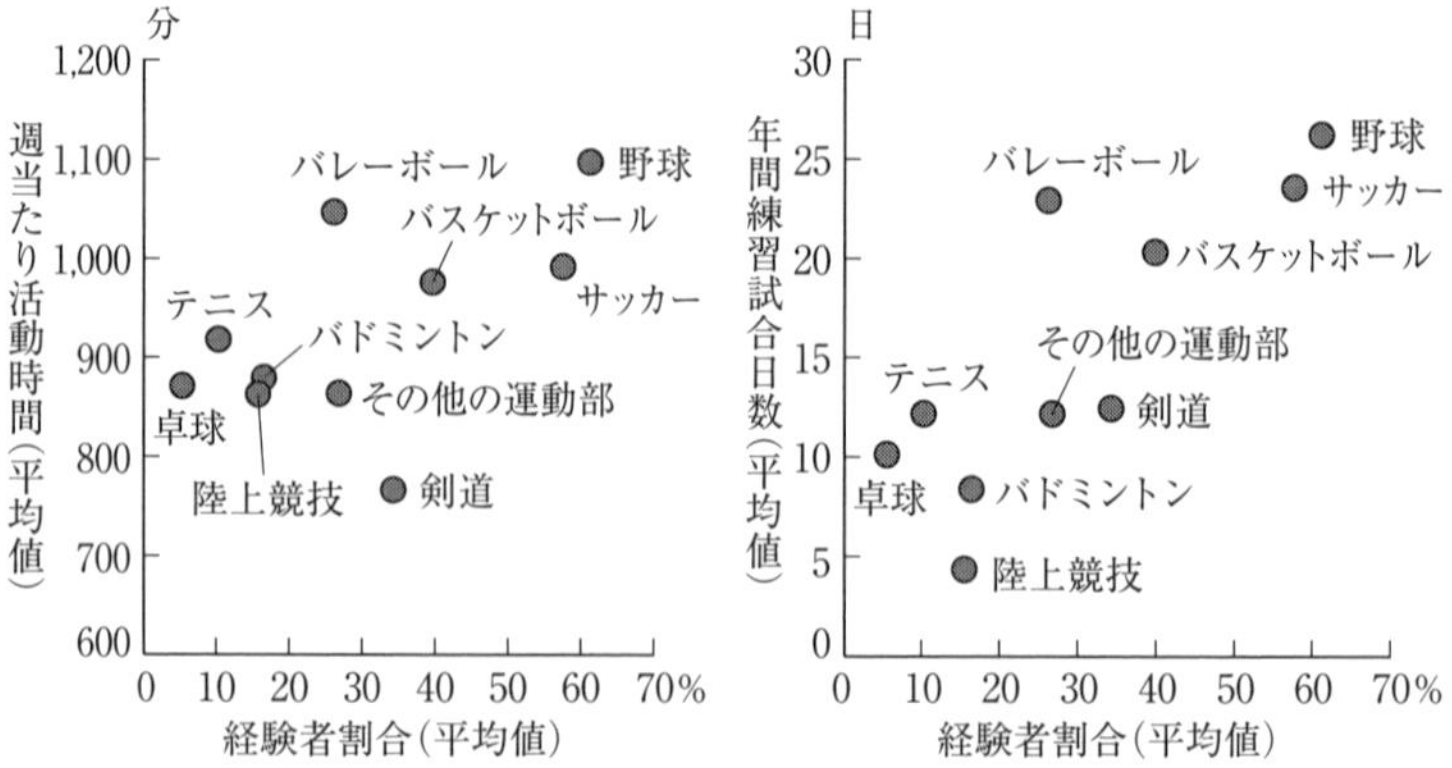

図 5-4（右）　経験者割合と年間練習試合日数の関係
図 5-5（左）　経験者割合と週当たり活動時間の関係

(3) 大会成績を決めるのは何か

野球やサッカーといった競技では、小学生時代からの競技者養成システムが成熟してきた結果、中学校での活動がより過熱していると言えるだろう。しかしそれ以外の競技でも、多数派とは言えないまでも、経験者の多い部が一定数を占めるようになっている。各競技において、経験者が多いことは部のパフォーマンスにどのような影響を与えるのだろうか。最後にこの点を確かめてみたい。

本調査では、各部の大会成績を尋ねる質問項目を用意した。「その部（筆者注：顧問をする部）のここ三か年における大会・コンクール等の実績でもっともよいものを教えてください」という質問である。この項目への回答を用いて、大会実績を左右する要因を分析する。

ただし一点、留意すべき点がある。本来、大会成績の規定要因を探るならば、現在部に在籍している部員たちの修めた成績を使用するのが望ましい。しかし、質問項目に「ここ三か年における」とあるように、現在の部員によるものではない過去の大会成績を使用せざるを得ない。とはいえ、多くの経験者がいる場合、その地域に小学生時から競技を経験する機会が整備されていて、安定的に経験者を中学校に供給していることも少なくないだろう。そうであれば、本調査で尋ねた年の経験者割合と、過去の経験者割合との間に、大きな乖離はないと思われる。こうした使用するデータの限界を念頭に置きつつ、以下の分析では、経験者割合の大会成績への影響について考察する。

それでは、結果を見ていこう。表5-6は、大会成績がどういった要因によって左右されるのかを見るために、重回帰分析を行った結果である。経験者割合や週当たり活動時間、練習試合の頻度、部員数、競技の種類といった要因が、どれほど大会成績に影響を及ぼしているのかを確認することができる。表の中の各数値は、他の要因の影響を取り除いたうえでの、それぞれの要因の影響力の

表 5-6　大会成績を予測する重回帰分析

		β	
経験者割合		0.20	***
週当たり活動時間		0.13	***
練習試合日数		0.07	*
部員数		0.12	***
競技の種類	野球	(ref)	
	サッカー	−0.02	
	バスケットボール	0.06	*
	剣道	0.24	***
	バレーボール	0.09	**
	バドミントン	0.18	***
	テニス	0.28	***
	陸上競技	0.48	***
	卓球	0.28	***
	その他の運動部	0.40	***
調整済み決定係数		0.329	
p 値		0.000	
N		1,446	

***$p<0.001$, **$p<0.01$, *$p<0.05$

注：数値は標準化回帰係数．統制変数として都道府県を投入したが，係数は省略．

強さを表している。なお、都道府県によって競技人口が異なるため、大会での勝ち上がりやすさも都道府県により異なると考えられる。そのため、都道府県も統制変数に加え、その影響を取り除いている（表記が煩雑になるため、係数は省略）。

結果を見ると、投入した変数はいずれも有意であり、大会成績との関連が見られる。経験者割合が高いほど、大会成績も高い。また、週当たり活動時間や練習試合日数、部員数が多いほど、大会成績が高い傾向も見られる。

注目されるのは、標準化回帰係数の値であり、この値が大きいほど大会成績との関連が強い。今回検討した経験者割合・週当たり活動時間・練習試合日数・部員数の四つの要素のうち、大会成績との関連が最も強いのは、経験者割合であった。活動時間や練習試合の多さよりも、部の中の経験者の多さの方が、大会成績と強く結びついているのである。この結果は、中学校部活動において、小学生からの早期の競技経験がものをいう状況になりつつあることを示唆している。

なお、以上は中学校部活動全体としてみた場合の結果である。競技別にみると、より複雑な様相が浮かび上がる。表5－7は競技ごとに、同様に大会成績を従属変数として重回帰分析を行った結果である。バスケットボール、バレーボール、バドミントン、卓球、剣道は、中学校部活動全体で見た場合と同様に、経験者割合が有意である。しかし、野球やサッカー、テニス、陸上競技では、経験者割合は有意ではない。また標準化係数の大小も競技によりまちまちである。競技ごとに分けたことでサンプルサイズが小さくなったことの影響も考えられるものの、競技の特性

表 5-7 「大会成績」を予測する重回帰分析の結果(競技別)

	野球		サッカー		バスケットボール	
経験者割合	0.03		0.08		0.21	**
週当たり活動時間	0.13		0.08		0.04	
練習試合日数	0.21	*	0.04		0.12	
部員数	0.18	*	0.25	**	0.05	
調整済み決定係数	0.245		0.229		0.140	
p 値	0.000		0.001		0.001	
N	173		128		210	
	剣道		バレーボール		バドミントン	
経験者割合	0.22	†	0.16	*	0.42	**
週当たり活動時間	0.12		0.34	***	−0.08	
練習試合日数	0.27	*	0.10		0.26	*
部員数	0.24	*	0.00		0.14	
調整済み決定係数	0.354		0.242		0.240	
p 値	0.001		0.000		0.012	
N	78		180		74	
	テニス		陸上競技		卓球	
経験者割合	0.12		0.10		0.28	***
週当たり活動時間	0.14		0.15		0.30	***
練習試合日数	0.10		0.03		0.12	
部員数	0.08	†	0.19		0.08	
調整済み決定係数	0.102		0.153		0.227	
p 値	0.009		0.037		0.000	
N	201		97		169	

***$p<0.001$, **$p<0.01$, *$p<0.05$, †$p<0.1$

注：数値は標準化回帰係数．統制変数として都道府県を投入したが，係数は省略．

によりパフォーマンスを左右する要因が異なるかもしれないということだけ示唆しておきたい。

6　考察とまとめ

本章では、一九六〇年代以降に小学生スポーツが整備されてきたことに注目し、中学入学以前に競技に参加してきた経験者の多寡が、中学校部活動の活動のあり方にどう関わっているのかを分析してきた。

その結果、中学校では経験者が多くを占める部が一定の規模になっていること、特に野球やサッカーでは、経験者の多い部が多数派であることが明らかになった。野球やサッカーは他の競技の部活動より活動時間や練習試合の頻度が多い。これらの結果から、それらの競技では経験者が多いことが、活動の過熱をもたらしていると考えられる。また、大会成績を左右する要因についても、経験者割合が大会成績と強く関連していることが見えてきた。

以上の知見は、中学校部活動が小学生段階からの競技者養成システムの中に組み込まれていることを示唆している。小学生スポーツが未整備だったころであれば、中学校部活動の様相はかなり違ったものだったであろう。多くの生徒が中学校で初めてスポーツに触れ、皆同じラインからスタートしていたはずだ。しかし近年は、小学校から競技を開始し、その競技生活の一部として中学校部活動を経験している生徒が多くなった。また、小学校からの経験者が多いことは、部の成績と強く結びついている。中学校で部活動に入ってからの練習だけでなく、小学校からの積み重ねが、中学校部活動でのパフォーマンスにとって重要なのである。

そう考えると、近年の中学校部活動を指導する教員の、困難な立場が浮き上がってくるように思われる。中学校部活動には、小学生時にすでに競技を経験した生徒が入ってくる。すると、初歩的な技術を教えるだけでは不十分であり、より高度な技術的な指導が求められることが多くなるだろう。また、初心者が主の部の顧問が競技実績を上げようとした場合、小学生時代からの経験の差をカバーするために多大な努力が必要となる。

このように、小学生段階からの競技者養成システムの成熟は、中学校部活動顧問に大きな課題をもたらしていると考えられる。競技者養成システムの成熟に、中学校教員は対応することができるのか、あるいは、そもそも対応すべきなのか、今後の議論が求められるだろう。

付記

本章の執筆にあたり、笹川スポーツ財団より「一〇代のスポーツライフに関する調査二〇一五」の個票データの提供を受けました。記して感謝申し上げます。

注

(1) 本章で分析するのは、次のような調整を行ったデータである。本調査では、全ての教職員に対し質問紙を配布しており、同じ部の複数の顧問がそれぞれ一ケースとしてデータに含まれている。つまり、一つの部の情報が複数ケースにわたって記録されているため、そのまま分析しては顧問が複数いる部の情報が過剰に反映されてしまう。

そこで分析に先立ち、一つの部に対し一ケースとなるよう、データの調整を行った。まず、データの中から運動部の顧問を抽出した。そのうえで、同じ学校の同じ部の顧問の中から一名を選び、それ以外の顧問は分析から除外した。選ぶ際には、より頻繁に部活動指導に当たっている方が部の状況をよく把握していると考えられることから、活動への立ち合い時間の長い顧問を優先して選択した。なお、男子部と女子部が分かれている場合には、別々の部として扱っている。以上の手続きに加え、使用する変数に欠損値のあるケースを除外した。

（2）なお、競技によってはケース数が極端に少ない場合がある。そのため、五〇ケース以上の競技のみ独立して結果を示し、五〇ケースに満たない競技については「その他の運動部」にまとめて結果を示している。

参考文献

今津孝次郎、一九七八、「胎動する教育意識――学歴をめぐるemergentな意識の解明」『社会学評論』二八（四）

黒須充、一九八七、「民間テニスクラブにおけるジュニア育成に関する研究(I)――〝クラブ育ち〟と〝運動部育ち〟のテニスとのかかわり合いの違いについて」『長崎大学教養部紀要 人文科学篇』二七（二）：六一～七七頁

国立青少年教育振興機構、二〇一八、「子供の頃の体験がはぐくむ力とその成果に関する調査研究」http://www.niye.go.jp/kenkyu_houkoku/contents/detail/i/117/（最終アクセス二〇二〇年一一月八日）

関春南、一九九七、『戦後日本のスポーツ政策――その構造と展開』大修館書店

中澤篤史、二〇一四、『運動部活動の戦後と現在――なぜスポーツは学校教育に結び付けられるのか』青弓社

西島央編、二〇〇六、『部活動――その現状とこれからのあり方』学事出版

日本体育協会、一九六三、『日本体育協会五十年史』日本体育協会
松尾哲矢、二〇一五、『アスリートを育てる〈場〉の社会学――民間クラブがスポーツを変えた』青弓社
水上博司、二〇〇五、「スポーツ少年団と中学校運動部活動の関係」『体育の科学』五五（一）：一五〜一九頁

第五章のポイント

▼中学校の野球部やサッカー部では、経験者割合の高い部活動の方が多数派。

▼経験者が多い競技ほど、活動が過熱する傾向がある。

▼練習時間や試合回数、部員数よりも、経験者人数の方が大会の成績に与える影響が大きい。

第六章
勝利至上主義にはどのような特徴があるのか

Keywords▶ 成績と楽しさ
教員の部活動経験
他者期待

1 「勝利至上主義」はどのように語られてきたのか?

日本人はともすると、スポーツ本来の「お互いの心身を競技を通じて高め合う」という精神をないがしろにして、「勝利」や「入賞」という名誉欲を優先させてしまいます。どうか先生方にお願いします。生徒たちに成績至上主義、勝利至上主義の価値観を植え付けないで下さい(『朝日新聞』二〇一三年一月一七日)。

二〇一二年一二月、大阪市立桜宮高校の高校生が所属していた部活動の顧問教員による体罰を苦に自殺するという事件が起こった。右の引用はこれに対して寄せられた投書であり、「日本人のスポーツにおける勝利至上主義の価値観が招いた最悪の結果」であると論じている。

この事件が本当に勝利至上主義の価値観に起因するものであったのかは、ここでは問わない。だが、この事件をきっかけに、とくに運動部活動の長時間化や体罰・暴力の原因として、大会成績や勝利を何よりも重視する勝利至上主義が問題視されるようになった。「勝利至上主義」という語は厳密な定義を欠き、その意味内容が曖昧なままに使用されることが多いものの(大峰・友添二〇一四)、たとえば、教育再生実行会議の第一次提言(二〇一三：六頁)では、体罰禁止の徹底を目指して「教員や部活動指導者は、部活動において勝利至上主義に陥ることなく、子どもの生涯全体を視野に入れて、発達段階に応じた心身の成長を促すことに留意する」ことが提示された。同じく二〇一三年には体育教員に向けて授業実践等を紹介する『体育科教育』においても「スポーツと体罰・暴力」という特集が組まれ、勝利第一(至上)主義から「楽しむ運動部活動」への移行を訴える論稿が寄稿されている(江森二〇一三：一三頁)。

こうした社会的注目の高まりに伴い、次の二つの研究領域によって、部活動(スポーツ)において勝利至上主義が過熱する背景が検討されてきた。

第一に、「スポーツとは何か」という本質的な視点から、スポーツをめぐる諸問題へアプローチする体育・スポーツ哲学的な研究である。川谷秀樹が「競技スポーツに参加する者は誰だって、勝利という結果を追求せざるを得ない」と指摘するように(川谷二〇〇八：八五六頁)、これらの研究において、スポーツは本質的に勝利を追求するものであると理解される。そのうえで、「勝利を追求すること」と勝利至上主義の差異が検討される。

たとえば、関根(二〇一三)はスポーツの本質である勝利そのものを追求する勝利追求と、金銭や名誉、社会的地位といった勝利以外の価値を手に入れる過程で勝利を唯一の目的として振る舞う勝利至上主義とを区別する。そして両者の決定的な違いとして、勝利至上主義が、関係者やスポンサーなどからの外的なプレッシャーによって形成されている点を挙げている。野球強豪校で指導者が勝利を追求する論理を検討した大峰・友添(二〇一四)も同様に、部活動指導者はスポーツの本質的側面である勝利追求の責務責任に加えて、部に関わる人々の勝利追求への期待から生じる責務責任を負っていることから、構造的に勝利至上主義に陥りやすいことを指摘している。

第二に、「部活動はどのように拡大してきたのか」という歴史的な視点から、社会状況の変化や部活動の位置づけを検討した制度史・教育社会学的な研究である。そこでは勝利至上主義が過熱することになった二つの転換点が指摘されている。

一つめの転換点は一九六四年の東京オリンピックの開催である。神谷(二〇一五)によれば、対外試合の活発化や商業的な大会の開催を背景として、すでに戦前には学業よりも部活動の練習を優先する勝利至上主義の問題が発生しており、文部省の管理下で対外試合の規制や勝敗を主目的としないことなどが要請されていた。ところが、東京オリンピックの開催を控えた一九五〇年代後半から一九六〇年代にかけて、各競技団体が競技力向上を目的として、運動部活動の全国大会の開催や中高生の国際試合への参加を政府に要求するようになった。その結果、文部省による対外試合の規制は緩和され、運動部活動の競技志向が高まっていった(1)(中澤二〇一四)。

二つめの転換点は推薦入試の拡大である。一九八〇年代後半から一九九〇年代の日本社会では、臨時教育審議会が打ち出した「個性重視の原則」に基づき、教科の学力とは異なる評価軸が求められるようになったことに伴い、推薦入試の規模が拡大していった。内田(二〇一七)によると、このとき従来の学力試験に代わる評価の対象として筆頭となったのが部活動であった。元来、部活動は教育課程外であったが、一九八九年の学習指導要領の改訂によって教育課程外でありながらも学校教育の一環として位置づけられたことで、部活動の成績が進学のための手段として重要性を高めていった(2)。その結果、生徒や保護者、さらには教員までもが部活動において「勝つ」ことから逃れられなくなり、スポーツや文化活動の機会保障という「居場所」の論理よりも、選手育成や試合での勝利を重要視した「競争」の論理が拡大していくことで、部活動指導が過熱していったのである(3)。

このように、勝利至上主義という語の使用状況に違いはあるものの、体育・スポーツ哲学的な研究はスポーツの本質的な側面に注目し、制度史・教育社会学的な研究は社会状況の変化や部活動の制度的な位置づけに注目することで、部活動が勝利至上主義に陥ってしまう背景が明らかにされてきた(4)。

しかし、これまでの研究では、勝利至上主義批判の矢面に立たされてきた教員が、そもそも部活動においてどの程度勝利や成績を重視しているのか、また、どのような要因がそうした教員の勝利至上主義を過熱させているのかという点について、実証的なデータに基づいて検討されてきたわけではない。教員の勝利至上主義が部活動指導の過熱原因として問題視されてきたならば、まずは教員が部活動における勝利や大会成績をどのように認識しているのか、そしていかなる要因がそうした教員の意識を規定しているのかを明らかにすることが重要である。

そこで本章では、中学校部活動における教員の勝利至上主義の特徴やその規定要因を明らかにすることを目的とする。なお、本章では勝利至上主義という語を、大会やコンクール等での成績を強く重視する姿勢や立場を示す語として使用する。

2 教員の「勝利至上主義」意識と背景を探る

(1) 分析の方針

部活動における教員の勝利至上主義の程度を検討した研究は、管見の限り存在しない。そこで、以下ではまず、教員がどの程度部活動の成績を重視しているのか、また、そうした教員の意識は活動実態とどのように関連しているのかを記述する。そのうえで、教員の成績に対する意識を規定する要因について、次の二点を検討する。先行研究との関連を論じながら、順に説明していく。

①教員の過去の部活動経験と教員の成績に対する意識の関連：これまで、藤田・吉田(二〇一〇)や野村ほか(二〇一八)によって、教員の過去の部活動経験が現在の部活動の指導方法や負担感に影響していることが明らかにされてきた。しかし、教員の成績に対する意識を規定するのかどうかまでは、これまでの研究では明らかにされていない。そこで教員自身の過去の部活動経験と現在の部活動指導における成績に対する意識との関連を分析する。

②他者からの期待と教員の成績に対する意識の関連：冒頭に引用した新聞記事に典型的なように、ともすれば、勝利至上主義は教員個人の属性や考え方に起因する問題とみなされうる。その一方で、関根(二〇一三)や大峰・友添(二〇一四)は、スポーツの本質的な側面としての勝利追求との区別から、勝利至上主義は関係者からのプレッシャーや期待によって形成されていると指摘している。これらの指摘は勝利至上主義の問題を教員自身に帰することを防ぐうえで重要であるものの、実証的なエビデンスに基づいたものではない。これらの主張の妥当性を検証するためにも、他者からの期待が成績に対する意識を規定しているかどうかを確認する。

(2) データと変数

本章では、二〇一七年一一月から一二月にかけて実施した「中学校教職員の働き方に関する意識調査」のデータを使用する。この調査は、全国二二都道府県の計二八四校(教職員数は八一一二名)を対象に行われ、そのうち二二一校(七七・八%)の三九八二名(四九・一%)の教職員から回答を得た。調査対象の抽出方法や調査実施手順については、viii頁に詳しい。

本章で使用する主な変数は、①勝利至上主義の指標、②教員自身の過去の部活動経験、③他者期待、④部活動過熱の指標である。

まず、①勝利至上主義の指標について問題となるのが、必ずしも教員は表立って成績や勝利を重視しているわけではない点である。この点について内田(二〇一七)は、活動実態の過熱にもかかわらず部活動の意義として「勝利」を挙げる教員が少ないことから、部活動の過熱の背景には「居場所」の論理を隠れ蓑にした「競争」の論理が存在することを示唆している。以上を踏まえると、「成績」に対する意識のみを検討しても、教員の勝利至上主義の特徴をうまく捉えることができない可能性がある。そこで、本章では「生徒が楽しんでいれば、大会・コンクール等の成績にこだわる必要はない」と「顧問をしている部の競技成績・活動成績を向上させたい」という二つの設問を使用する。前者は「楽しさ」という価値から成績への相対的な意識を問う設問であり、後者は成績のみを念頭に置いた意識を問う設問である。これら二つの設問を組み合わせることにより、教員の成績に対する意識の特徴を多面的に検討していきたい。

「生徒が楽しんでいれば、大会・コンクール等の成績にこだわる必要はない」という設問は、教員の顧問状況に関係なく、「とても思う」「どちらかといえば思う」「どちらかといえば思わない」「全く思わない」の四段階でたずねたものである。「顧問をしている部の競技成績・活動成績を向上させたい」という設問は、顧問を担当している教員を対象に「とてもあてはまる」「どちらかといえばあてはまる」「どちらかといえばあてはまらない」「まったくあてはまらない」の四段階でたずねたものである。

そのほかに使用する変数の詳細は表6-1に示した。以上の変数に欠損値のあるケースを除外し、最終的に残った二三二八ケースを分析対象とした。

表6-1　使用する変数

変数	分類方法
性別	「女性」=0,「男性」=1
年代	「20代」,「30代」,「40代」,「50代以上」の4カテゴリーに分類した.
担当部活動	「文化部」=0,「運動部」=1
管理職期待	「勤務校の管理職は,あなたが部活動に熱心に取り組むことを期待している」という質問について,賛成ほど得点が高くなるように1点から4点を割り当てた.
同僚期待	「同僚の教員は,あなたが部活動に熱心に取り組むことを期待している」という質問について,賛成ほど得点が高くなるように1点から4点を割り当てた.
保護者期待	「自分は保護者から部活動において熱心に指導することを期待されている」という質問について,賛成ほど得点が高くなるように1点から4点を割り当てた.
過去の部活動経験	過去の部活動経験の有無と現在指導している部活動種目との一致/不一致について,「部活動経験なし」「部活動経験あり」「中高いずれかで競技・活動経験あり」「中高いずれも競技・活動経験あり」の4カテゴリーに分類した.
週当たりの活動日数	全体の分布を確認したうえで,週当たりの活動日数は「6日未満」と「6日以上」に分類した.
年間練習試合回数	全体の分布を確認したうえで,「行わない」「10日未満」「10〜25日未満」「25日以上」の4カテゴリーに分類した.

3　分析から見えること

(1)　部活動の成績に対する教員の意識

はじめに、教員が部活動においてどの程度勝利や大会成績を重視しているのか、単純集計を確認しておこう。図6－1をみると、「生徒が楽しんでいれば、大会・コンクール等の成績にこだわる必要はない」という設問に対して、全体の六割以上の教員が「とても思う」あるいは「どちらかといえば思う」と回答していることがわかる。一方で、「全く思わない」と回答した教員はわずか四・八％にとどまっており、「どちらかといえば思わない」と回答した教員と合わせても、「楽しさ」よりも「成績」を重視する教員は四割に満たない。したがって、「成績」と「楽しさ」を天秤にかけた場合、半数以上の教員は、部活動において勝つことよりもむしろ生徒が楽しんでいることを重視している。

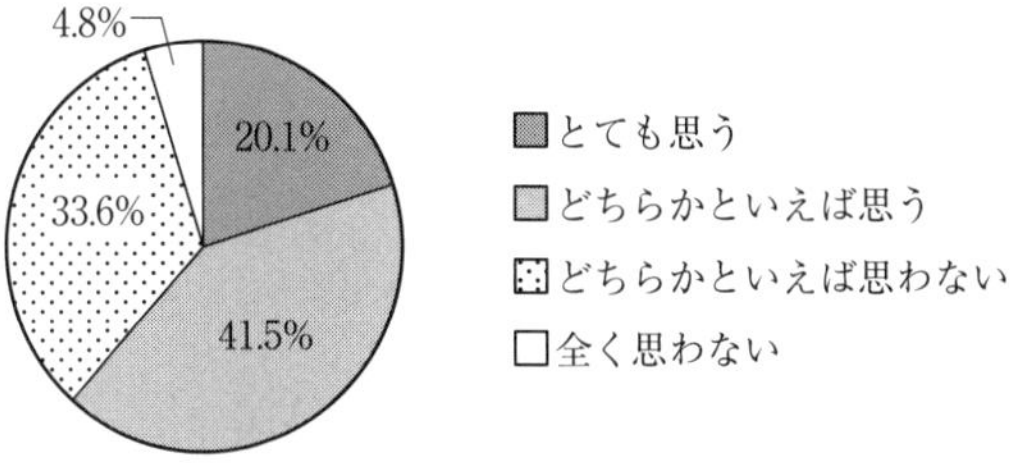

図 6-1 「生徒が楽しんでいれば，大会・コンクール等の成績にこだわる必要はない」への回答

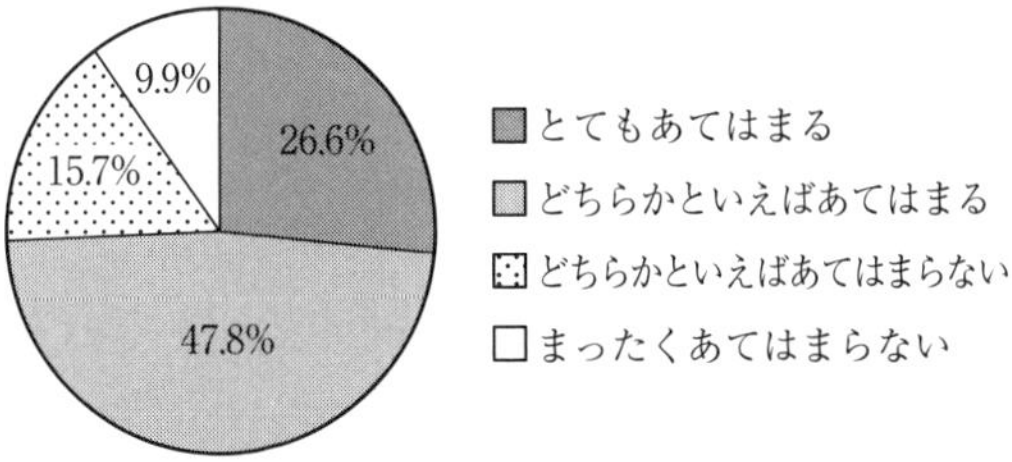

図 6-2 「顧問をしている部の競技成績・活動成績を向上させたい」への回答

次に、もう一つの変数である「顧問をしている部の競技成績・活動成績を向上させたい」という設問への回答について確認していこう。この設問は、「成績」と「楽しさ」を天秤にかけるのではなく、より直接的に「成績」を

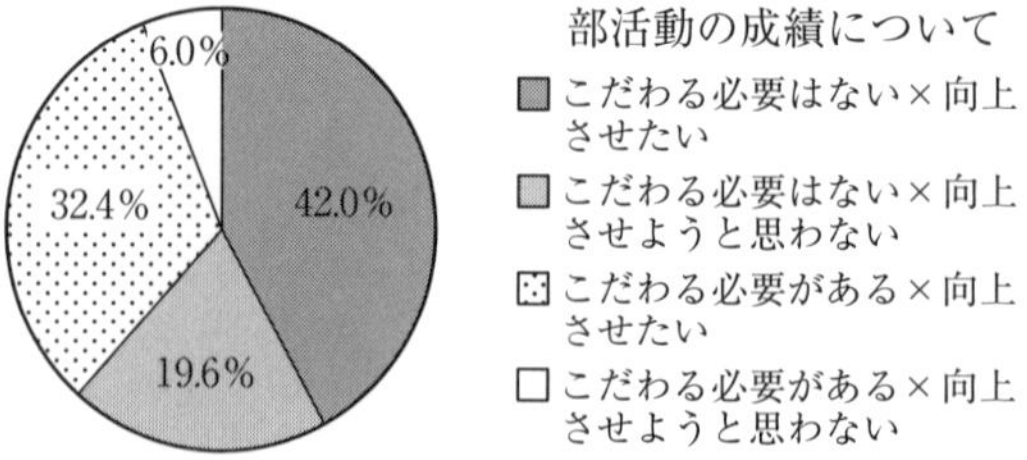

図6-3　成績に対する意識の分化

重視する程度をたずねたものである。図6-2を見ると、顧問をしている教員の二六・六%が「とてもあてはまる」と強い肯定を示しており、「どちらかといえばあてはまる」と回答した教員を含めれば、およそ四人中三人の教員が「成績を向上させたい」と認識しているといえる。つまり、「成績」と「楽しさ」を天秤にかけた場合には半数以上の教員は「成績」よりも「楽しさ」を優先するものの、「成績」のみを念頭に置いた場合、七割以上の教員が成績を向上させたいと認識しているのである。

それでは「生徒が楽しんでいれば、大会・コンクール等の成績にこだわる必要はない」と思う一方で、「顧問をしている部の競技成績・活動成績を向上させたい」というアンビバレントな意識を併せもつ教員はどれほど存在するのだろうか。結果の解釈をわかりやすくするために、それぞれの設問への回答を二値に変換し、クロス集計を行った結果を示したのが図6-3である。

最も多かったのは、成績に「こだわる必要はない×向上させたい」と回答している教員であり、四二・〇%と全体の半数近くを占めている。この層は先に述べたような「楽しさ」と「成績」という部活動の二つの価値に対してアンビバレントな意識を有している教員であると考えられる[5]。

次点で多かったのは、成績に「こだわる必要がある×向上させたい」と回答した教員であり三二・四％を占める。この層は「楽しさ」に対する「成績」の価値が相対的に高く、かつ、自身も成績を「向上させたい」と回答していることから、世間にイメージされる勝利至上主義的な教員像に近いものと考えられる。これに続いて成績を重視する程度が最も弱い「こだわる必要はない×向上させようと思わない」と回答した教員が一九・六％存在している。また、六・〇％と少数ではあるが、成績に「こだわる必要がある×向上させようと思わない」と回答している教員も存在している。この層は成績を追求することの意義を認めつつも、当事者（＝顧問教員）として実際に成績の向上を目指すことからは距離を置く教員であると考えられる。

(2) 活動実態との関連

それでは、こうした成績に対する意識と活動実態はどのように関連しているのだろうか。とりわけ「生徒が楽しんでいれば成績にこだわる必要はない」と「成績を向上させたい」というアンビバレントな意識の間で揺れ動く層は、活動実態を見ると過熱しているのだろうか。図6-4は、成績に対する意識と週当たりの活動日数との関連を示したものである。図内の数値は、週当たり六日以上活動していると回答した教員の割合を示している。

まず、成績を重視する程度が最も強い「こだわる必要がある×向上させたい」と回答した教員のうち、週六日以上活動している教員は六九・五％ときわめて高い割合となっている。したがっ

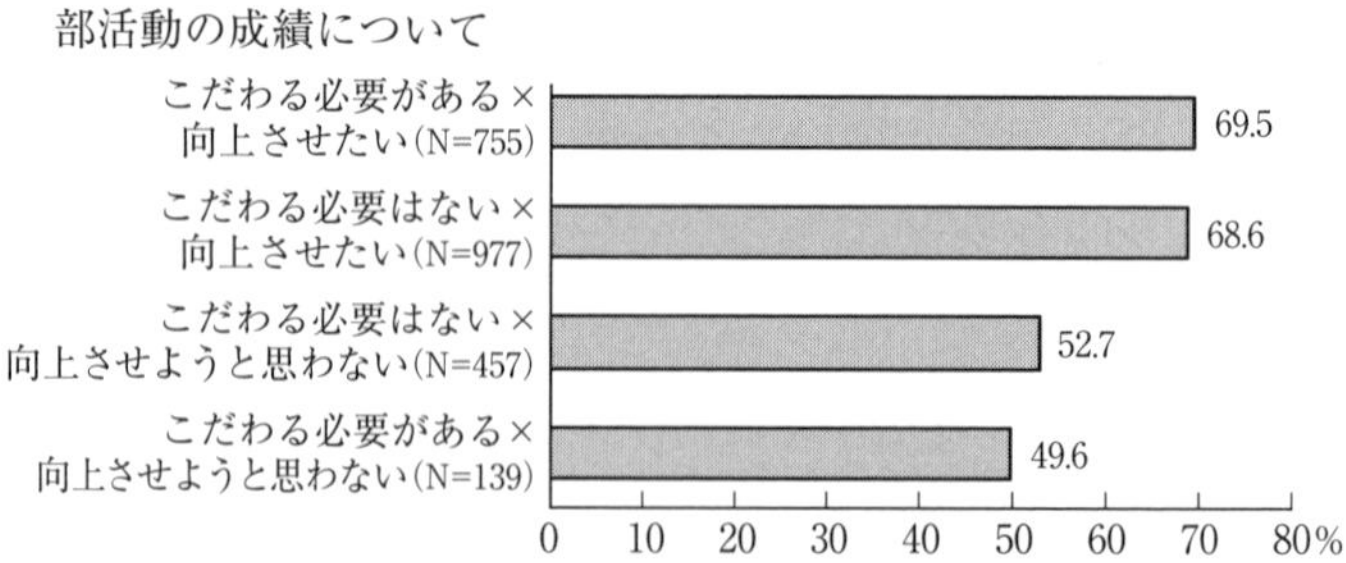

図6-4　成績に対する意識と「週6日以上活動」の関連

て、勝利至上主義として批判されるような層は、活動実態を見ても過熱している。

　ところが、成績にこだわらないはずの層においても活動実態は過熱している。成績に「こだわる必要はない×成績を向上させたい」と回答したアンビバレントな意識を有する教員では六八・六%が週六日以上活動しており、成績を重視する程度が最も強い層と同程度に過熱しているといえる。また、成績に「こだわる必要がある×向上させようと思わない」と回答した教員では四九・六%、成績を重視する程度が最も弱い「こだわる必要はない×向上させようと思わない」と回答した教員でさえ、五二・七%が週六日以上活動している。

　つまり、どの層でも少なくとも半数近くの教員が週六日以上活動しており、教員の成績に対する意識に反して半ば強制的に部活動が過熱している層が一定数存在している。ただし、週当たりの活動日数は「成績を向上させたい」か否かによって大きく二分されており、「生徒が楽しんでいれば成績にこだわる必要はない」という設問への回答傾向による違いは確認できない。

表6-2　成績に対する意識と年間練習試合回数の関連(%)

部活動の成績について	行わない	10日未満	10〜25日	25日以上	計
こだわる必要がある×向上させたい(N＝755)	16.7	25.7	32.2	25.4	100
こだわる必要はない×向上させたい(N＝977)	17.8	28.7	31.9	21.6	100
こだわる必要はない×向上させようと思わない(N＝457)	33.7	29.8	27.6	9.0	100
こだわる必要がある×向上させようと思わない(N＝139)	41.0	30.9	20.1	7.9	100

同様の傾向は、顧問の裁量がより大きいであろう年間練習試合回数においても確認される。表6－2に、成績に対する意識と年間練習試合回数をクロス集計した結果を示した。

年間練習試合回数について「二五日以上」が最も多かったのは、成績に「こだわる必要がある×向上させたい」の二五・四%で、二番目が「こだわる必要はない×向上させたい」の二一・六%であった。そしてこれらとは一〇%以上離れたところに「こだわる必要はない×向上させようと思わない」の九・〇%、「こだわる必要がある×向上させようと思わない」の七・九%が続いている。また、「行わない」が最も多かったのは成績に「こだわる必要がある×向上させようと思わない」の四一・〇%で、これに「こだわる必要はない×向上させようと思わない」の三三・七%が続いている。そしてこれらとは一五%以上離れたところに「こだわる必要はない×向上させたい」の一七・八%、「こだわる必要がある×向上させたい」の一六・七％が続いている。つまり、週当たりの活動日数と同様に、年間練習試合回数は「生徒が楽しんでいれば成績にこだわる必要はない」という設問への回答ではなく、「成績を向上させたい」という設問への回答によって左右されるのである。(6)

では、なぜ「楽しんでいれば成績にこだわる必要はない」という設問と活動実態との間に、明確な関連が確認できなかったのだろうか。第一には、教員の意識に反して半ば強制的に部活動が過熱している層が存在していることが挙げられよう。つまり、教員が「楽しんでいれば成績にこだわる必要はない」と考えていても、様々な外在的要因によって部活動が過熱している可能性がある。そして第二には、「成績にこだわる必要はない」と「成績を向上させたい」というアンビバレントな意識の狭間で揺れ動きながら過熱志向となっている教員が数多く存在していることが挙げられよう。とりわけ生徒にとっては「楽しさ」と「成績」という二つの価値は必ずしも矛盾するものではない。そのため、教員と生徒の双方が「成績を向上させたい」と認識している場合には、歯止めがかからずにますます過熱志向になっていくことが推察される。

4 成績に対する意識の規定要因

最後に、こうした成績に対する意識に影響している要因を確認していこう。以下では、活動実態との関連が明確に見られた「成績を向上させたい」という設問に対象をしぼり、第2節で提示

表6-3 「成績を向上させたい」を従属変数とするロジスティック回帰分析

	モデル1	モデル2	モデル3
性別(基準：女性)			
男性	0.67 *** (0.10)	0.55 *** (0.11)	0.27 * (0.11)
年代(基準：20代)			
30代	−0.62 *** (0.15)	−0.60 *** (0.15)	−0.57 *** (0.16)
40代	−0.60 *** (0.15)	−0.46 ** (0.16)	−0.30 (0.16)
50代以上	−0.77 *** (0.15)	−0.58 *** (0.15)	−0.22 (0.16)
部活種(基準：文化部)			
運動部	0.63 *** (0.12)	0.54 *** (0.13)	0.47 ** (0.14)
過去の部活動経験(基準：部活動経験なし)			
部活動経験あり		−0.10 (0.13)	−0.16 (0.14)
中高いずれかで競技・活動経験あり		0.37 * (0.15)	0.08 (0.16)
中高いずれも競技・活動経験あり		1.19 *** (0.16)	0.82 *** (0.17)
管理職期待			0.05 (0.09)
同僚期待			0.29 ** (0.09)
保護者期待			0.69 *** (0.07)
定数	0.73 *** (0.15)	0.52 ** (0.18)	−1.96 *** (0.29)
疑似決定係数	0.05	0.08	0.16
尤度比統計量	139.35 *** (df=5)	221.89 *** (df=8)	414.45 *** (df=11)
観測数	2,328	2,328	2,328

数値は回帰係数，カッコ内は標準誤差を示す.
***$p<0.001$, **$p<0.01$, *$p<0.05$

した二つの検討課題を分析していきたい。表6‐3はどのような要因が「成績を向上させたい」という意識を高めているのかを予測することを目的として、「成績を向上させたい」を従属変数とするロジスティック回帰分析の結果を示したものである。

モデル1は、教員の基本的な属性である男性ダミーと年代、くわえて運動部ダミーを独立変数として用いたものである。いずれも統計的に有意な水準で男性ダミーが正の影響、年代が負の影響を示している。したがって、女性よりも男性ほど、年配の教員よりも若手教員ほど「成績を向上させたい」と考えているといえる。野村(二〇一八)によると、男性や若手教員の多くは「部活動の顧問は楽しい」と考える傾向にあるが、本分析では成績についてもこれに近い結果となった。また、運動部ダミーをみると正の影響を示していることから、文化部の顧問教員よりも運動部の顧問教員ほど「成績を向上させたい」と思っていることがわかる。

モデル2は、モデル1に対し、教員の過去の部活動経験を独立変数に加えたものである。現在担当している種目を中高いずれか、あるいはいずれも経験している教員ほど「成績を向上させたい」と思う傾向にある。その一方で、部活動経験自体はあるものの、現在顧問を担当している種目の経験がない教員と部活動経験がない教員との間には統計的に有意な差が示されなかった。したがって、部活動経験の有無ではなく、過去の部活動経験と現在の担当部活動種目が一致していることが、「成績を向上させたい」という意識と関連しているといえる。

最後のモデル3は、モデル2に対し、管理職・同僚・保護者という他者からの期待を独立変数に加えたものである。(7) 管理職期待は統計的に有意ではなく、その影響は確認されない。対して、同僚期待と保護者期待については正の影響を示している。つまり、性別や過去の部活動経験といった教員個人の要因を統制しても、同僚や保護者から熱心に部活動を指導することを期待されていると回答した教員ほど、「成績を向上させたい」と回答する傾向にあることが示された。

5 教員の勝利至上主義の特徴

それでは、ここまでの分析結果をまとめ、教員の勝利至上主義の特徴を整理していこう。

第一に、「生徒が楽しんでいれば、大会・コンクール等の成績にこだわる必要はない」と認識している教員は六〇%程度存在している。その一方で、およそ七五%の教員が「顧問をしている部の競技成績・活動成績を向上させたい」と認識している。また、両者を合わせると、成績に「こだわる必要はない×向上させたい」と回答した教員が四二・〇%と最も多く、「楽しさ」と「成績」というアンビバレントな二つの価値の間で揺れ動く層が数多く存在している。

第二に、活動実態の程度は「成績を向上させたい」か否かによって大きく二分されていた。具体的には「成績を向上させたい」と回答している教員の多くが、週当たり六日以上活動しており、また年間練習試合回数が多くなっていた。しかし、「生徒が楽しんでいれば、大会・コンクール等の成績にこだわる必要はない」という設問への回答傾向と活動実態の過熱との間には、明確な関連が確認できなかった。

第三に、男性、若手、運動部の顧問の教員に、「成績を向上させたい」と思う割合が高い傾向があった。また、教員の過去の部活動経験と現在担当している部活動種目が一致している場合、「成績を向上させたい」という意識が強いことが示された。この結果は、教員自身の過去の部活動経験が現在の部活動の指導方法や負担感とも関連しているという先行研究とも整合する(藤田・吉田二〇一〇、野村ほか二〇一八)。

第四に、体育・スポーツ哲学的な研究で示唆されていたように、同僚や保護者といった他者から部活動を熱心に指導することを期待されていると認識していることが、教員の成績に対する意識に影響していることが示された。

以上を踏まえると、部活動における勝利至上主義を教員個人の問題として非難することには慎重にならなければならない。冒頭に引用した新聞の投書記事にみられるように、ともすれば、部活動における勝利至上主義は教員個人の属性や考え方に起因する問題とみなされうる。たしかにそのような批判は部分的には事実であるかもしれない。しかし、半数以上の教員は「生徒が楽しんでいれば、大会・コンクール等の成績にこだわる必要はない」と回答しているように、多くの教員は「成績」よりも「楽しさ」を重視している。したがって、一般に勝利至上主義という語においてイメージされるような成績を最優先する教員は少数派であって、「成績にこだわる必要はない」と「成績を向上させたい」というアンビバレントな意識の狭間で揺れ動きながらも、同僚や保護者などの他者からの期待といった外在的な要因の影響を受けることで、知らず知らずのうちに部活動指導に傾倒していく(せざるを得なくなっていく)のではないだろうか。このような「成績」と「楽しさ」をめぐるアンビバレントな意識こそが部活動における教員の勝利至上主義の特徴であるといえるかもしれない。

内田(二〇一七)も述べているように、部活動はあくまでもスポーツや文化活動の機会保障の場であり、プロのアスリートやアーティストを養成する場ではない。成績を追求することによって得られる意義はあるのかもしれないが、それは活動実態の過熱、ひいては教員の多忙化とも表裏一体である。部活動の地域移行をめぐる議論が進みつつあるが、学校の部活動という場においてなぜ、そしてどの程度成績を追求する必要があるのかという点を再考し、学校や地域、あるいは民間クラブの役割を明確化していくことが重要となる(8)。

注

(1) こうしたスポーツにおける競技志向の高まりの反動として、一九八〇年代には勝利至上主義という語が各種新聞報道において使用されるようになる。それらは「主に学校スポーツ、運動部活動に関連したものが多く、勝利に固執し、教育的な配慮が欠けた指導に対する批判的な意見」が中心となっていたことが指摘されている(岡部二〇一八、二九頁)。

(2) 部活動が入試制度に組み込まれていった過程については神谷(二〇一五)に詳しい。

(3) 内田(二〇一七)の「居場所」の論理と「競争」の論理は、運動部活動が「運動部を選手養成の場ととらえる各競技団体と、あくまでも教科の活動では得られない生徒の自治能力や主体性を涵養する場と考える文部省・教育委員会・学校との、「競技」と「教育」という対立する論理の葛藤の歴史」であり、「競技の論理が教育の論理を押し切ってきた過程」であるとする友添の議論を踏襲したものである(友添二〇一六:四頁)。

(4) そのほか、マネジメントという視点から、スポーツ・学校・教育がいかなる組み合わせによって制度化されているのかを考察した関(二〇一五)がある。関(二〇一五)は、スポーツにとって勝利至上主義は必要条件であるとの前提に立ちながら、学校スポーツにおける勝利至上主義をマネジメントする方途を検討している。

(5) なお、この点について、教員の職業倫理上、建前として「生徒が楽しんでいれば、大会・コンクール等の成績にこだわる必要はない」と回答したのではないかという反論がありうるかもしれないが、質問紙調査の設計上、そのような教員の本音と建前について判断することはできない。

(6) 「生徒が楽しんでいれば、大会・コンクール等の成績にこだわる必要はない」のみを週当たりの活動日数および年間練習試合回数とクロス集計しても、統計的に有意な差は示されなかった。

(7) 他者期待と成績に対する意識は相互に影響を与えている可能性はあるが、先行研究の指摘を踏まえ(関根二〇一三、大峰・友添二〇一四など)、本章では独立変数として使用する。

(8) なお、本章は設問の制約もあり、成績に対する意識と生徒からの期待の関連を検討することができなかったが、同僚や保護者と同じかそれ以上に、成績に対する生徒の意識は教員のそれとも強く関連していることが推察される。また、活動実態の過熱の指標として週当たりの活動日数と年間練習試合回数を使用したが、体罰のような部活動指導の内実との関連は検討することができなかった。教員を対象とした調査から体罰の実態を精確に把握することは困難であるが、体罰は勝利至上主義の結果としても語られてきただけに、教員の意識との関連を捉えることは重要な課題である。今後は本章で得られた知見をもとに、より精緻な研究が蓄積されることが望まれる。

参考文献

江森一郎、二〇一三、「「体罰の社会史」の視点から」『体育科教育』六一(一一):一〇〜一三頁
藤田雅文・吉田哲也、二〇一〇、「中学校運動部顧問の管理行動に関する研究——競技経験との関連性」『鳴門教育大学研究紀要』二五:三四七〜三五三頁
神谷拓、二〇一五、『運動部活動の教育学入門——歴史とのダイアローグ』大修館書店
川谷秀樹、二〇〇八、「勝利至上主義」加藤尚武編集代表『応用倫理学事典』丸善、八五六〜八五七頁
教育再生実行会議、二〇一三、「いじめの問題等への対応について(第一次提言)」https://www.kantei.go.jp/jp/singi/kyouikusaisei/pdf/dai1_1.pdf(最終アクセス二〇二一年三月一日)
中澤篤史、二〇一一、「なぜ教師は運動部へ積極的にかかわり続けるのか——指導上の困難に対する意味づけ方に関する社会学的研究」『体育学研究』五六(二):三七三〜三九〇頁
中澤篤史、二〇一四、『運動部活動の戦後と現在——なぜスポーツは学校教育に結び付けられるのか』青弓社
西島央・矢野博之・中澤篤史、二〇〇七、「中学校部活動の指導・運営に関する教育社会学的研究——東京都・静岡県・新潟県の運動部活動顧問教師への質問紙調査をもとに」『東京大学大学院教育学研究科紀要』四七:一〇一〜一三〇頁
野村駿、二〇一八、「働き方・部活動における意識の分化」内田良・上地香杜・加藤一晃・野村駿・太田知彩『調査報告 学校の部活動と働き方改革——教師の意識と実態から考える』岩波書店、二四〜四五頁
野村駿・太田知彩・上地香杜・加藤一晃・内田良、二〇一八、「なぜ部活動指導は過熱するのか?——過去の部活動経験との関連から」『名古屋大学大学院教育発達科学研究科紀要(教育科学)』六五(二):一〇九〜一二一頁
岡部祐介、二〇一八、「スポーツにおける勝利追求の問題性に関する一考察——〈勝利至上主義〉の生成とその

社会的意味に着目して」『自然・人間・社会』六五：一五～三七頁
大峰光博・友添秀則、二〇一四、「野球部における指導者の勝利追求への責任に関する一考察」『体育・スポーツ哲学研究』三六(二)：七三～八二頁
関朋昭、二〇一五、『スポーツと勝利至上主義――日本の学校スポーツのルーツ』ナカニシヤ出版
関根正美、二〇一三、「体罰の温床・勝利至上主義とフェアプレイの狭間」『体育科教育』六一（一一）：三八～四一頁
友添秀則、二〇一六、『運動部活動の理論と実践』大修館書店
内田良、二〇一七、『ブラック部活動――子どもと先生の苦しみに向き合う』東洋館出版社

第六章のポイント

▼教員の六〇％が部活動の成績よりも生徒の楽しさを大事にすると答えた一方、七五％が部活動の成績を向上させたいとも答えている。

▼「成績を向上させたい」と回答した教員ほど活動が過熱している。

▼同僚や保護者から熱心な指導を期待されていると感じる教員ほど、成績を向上させたいと答える傾向にある。

第七章
地域によって部活動は変わるのか

Keywords▶地域と部活動
ＳＥＳ（社会経済的背景）
持続可能な部活動

1 はじめに

本章では、学校の所在する地域という視点から部活動の姿を明らかにしようと試みる。本書では、これまでに部活動における歴史的・言説的変遷や、部活動に参加している生徒・教師の実態についてさまざまな視点から明らかにしてきた。本章の主な問いは、実施されている地域によって部活動が変わるのか、ということである。近年では、部活動の地域移行についての議論が進んでおり、今後の部活動を考えるにあたって地域は大きなキーワードである。そこで、本章では部活動と地域の関係性について紐解いていきたい。

まず、「地域」ということを整理しておこう。特定の地域が「どのような地域か」を示す特徴は、多種多様なものが考えられる。例えば、関東地方や中国地方などの日本における位置情報や、主な産業や人口規模などの公的データから導き出されるものもあれば、「○○は都会」、「○○は人情味がある」といった人々のイメージによっても、地域の特徴は表される。本章で着目する地域の特徴は、地域住民の社会経済的背景(SES)である。SESとは、その人の学歴や仕事などから判断される個人の地位のことを意味している。このSESの指標を用いて、どのような社会経済的背景をもった人が住んでいる地域かによって地域を特徴づけようとする。まずは、SESとは何か、そしてSESが教育に対してどのように影響を与えているかを示すことで、議論の前提を共有していきたい。

2 地域SESがもたらす教育への影響

(1) SESとはなにか?

SESとは、Socio-Economic Status の略称であり、日本語では社会経済的背景といわれる。

では、SESとは具体的に何を示しているのか。簡単には、社会的地位を示す職業(的地位)や学歴、経済的地位を示す世帯収入や預貯金額によって表されることが多い（古田二〇一八など）。職業・学歴・収入は相互に関連が強いことから、職業・学歴のみが反映されることもある。

教育の文脈においてSESが用いられるのは、主に子どもの学力をはじめとする教育達成の状況が問われるときである。具体的には、親のSES（職業や学歴）が子どもの学力や、就職するのか進学するのか、もしくはどのようなところに就職・進学するのかという教育達成に対して、どのような影響を与えているのか、という問いが立てられ、分析・検証が行われている。このことは教育や格差研究における共通認識であり、その結果を端的に言うならば、「親の学歴が高い、もしくは職業的地位の高い子どもは学力が高く、大学へ進学し、ホワイトカラー職に就く傾向にある」ということである。これは学歴の高さや職業的地位の高さによって収入が多いために、子どもに対する教育費が豊富であるという経済資本と、暮らしの中における習慣やふるまいといった文化資本の両方が影響を与えているとされる。文化資本とは、例えば家庭の中でどのような本があるか、図書館や博物館などの文化施設を訪れることがあるか、ニュース番組をよく見るのか、親が子どもの学習に関心を持っているか、といったものである。これら文化資本は、日々の暮らしの中に介在し、子どもの教育達成に影響を与えるものだとされる。SESは、経済資本と文化資本の要因が相互に重なりあうことで、子どもの教育達成に影響を与えていることが明らかにされている。(1)

これらのSESによる教育達成の違いは、教育格差として問題視されている（松岡二〇一九）。

教育格差とは、教育自体を受けられる機会や、教育を受けることによって得られる結果（学力や学歴など）に対して、なんらかの要因によって差が生じ、その差が「問題のある差」とみなされている状態のことを意味している。この「なんらかの要因」として考えられているのは、出身階層としての親の学歴や職業などのSESや、性別（ジェンダー）が挙げられる。加えて、本章であつかう「地域」もまだ重要な要因として考えられている。例えば、居住地域の近くに大学はあるのか、働く場所は十分にあるのか、といったことも子どもの教育達成に影響を与えることが明らかにされている（朴澤二〇一六）。親のSESや性別、地域というのは、当人が生まれながらに持つ「属性」であるため、個人の努力が介入できる余地がほぼない。そうした「生まれ」による教育の差異を教育格差として明らかにしてきた歴史がある。

(2) 地域SESと教育の関係

さて、ここまでSES全般について説明してきたが、本章で扱うのは地域SESである。先に説明したSESが個人単位のSESとすると、地域単位のSESを表したのが地域SESであり、当該地域に居住している人々のSESを集合的に捉えたものである。すなわち、SESの高い人が多い地域（地域SESが高い）、少ない地域（地域SESが低い）によって教育にどのような影響があるのかを検証するのである。

この地域SESを用いた研究（中島二〇一四）では、子どもの学力に影響を与える要素の一つとして地域ＳＥＳに着目している。その分析では地域ＳＥＳをLowest・Lower middle・Upper middle・Highestの四段階に分け、子どもの学力にどのような影響を与えるのかが検証されている。この調査では小学校と中学校が分析対象となっているが、ここでは本書が扱う部活動の対象となる中学校に焦点化して、その成果を整理しておこう。

中学校を対象とした分析では、基本的には地域ＳＥＳが高いほど子どもの学力は高く、家庭での勉強時間が長いことが示されている（表７－１参照）。これは、個人単位のＳＥＳの影響に加えて、地域単位のＳＥＳによっても、子どもの学力や勉強時間に影響があることを意味している。

表7-1　校区SES別の数学Aの平均値・標準偏差

	平均値	標準偏差
Lowest	61.00	21.81
Lower middle	61.48	21.68
Upper middle	61.82	21.91
Highest	66.40	21.40

＊中島(2014)における数学Aの点数をもとに作成.

加えて、これらの結果をもとにして、地域ＳＥＳ別に子どもの学力を高めるためには、どのような取り組みが有効であるかが検証されている。それによると、Low-est・Lower middleの地域では、学習環境の整備が子どもの学力と関連づいている。ここでの学習環境の整備とは、教材の提供などではなく、地域・学校・保護者・生徒の相互の関係性を構築し学習をサポートする体制を整えるといった側面である。一方、Upper middleの地域では、より直接的に宿題を出すことや補習的な学習支援の充実といった側面が効果的とされる。Highestの地域では、思考力を高める指導や、生徒自身の能力を引き出す授業の有効性が示された。このように地域ＳＥＳによって、子どもの学力自体だけでなく、子どもの学力に影響を与える要因が異なっていることがわかる。

(3) 部活動への援用可能性

加えて、このような地域SESは教師にも影響を与えている。中村(二〇一九)は校区のSESに着目して、校区のSESが低い学校に勤める教員への調査から、教員たちがSESの低さに起因する「学級の荒れ」への対応力を身につける必要性や、対応のために教員たちが協働することを重視するようになることを明らかにしている。中村は同じ論文において、TALIS(OECD国際教員指導環境調査)のデータをもとにした分析も行い、校区のSESが低い学校では、教員同士が指導のために意見交換や話し合いを実施する回数が有意に多いという結果も示している。

もちろん、教員同士が協働し、子どもたちを教育・支援していくことは重要であるし、協働自体が問題であるわけではない。ここで注目したいのは、対応が異なる要因が子ども個人ではなく、地域社会(地域SES)にある、ということである。推測ではあるが、地域SESが低い学校で協働が必要な理由は、「子どもの貧困」と称されるような経済的・文化的に厳しい状況に置かれている子どもの対応において、強固な教員同士のネットワークが必要ということも考えられる。地域SESがなぜ協働を生むのか、という内実については更なる研究が期待されるが、地域の要因によって教員の働き方に影響があるということをまずはおさえておく必要があるだろう。

このように地域の状況によって子どもの実態や教員の働き方が異なる中で、部活動の実態はどうなっているだろうか。教員の働き方が地域SESによって異なるならば、部活動の指導実態や、生徒の活動実態も地域によって異なる可能性がある。本章ではこの点に着目し、検証していくこととする。

3 分析視角と使用するデータ

(1) 地域社会と学校・部活動の関係性

地域と部活動という観点で近年注目を集めているのは、部活動の地域移行である。文部科学省は二〇二〇年九月の「第四回学校における働き方改革推進本部」において、部活動改革として、二〇二三年度以降に休日の部活動を段階的に学校から地域に移行する方向性を打ち出している（文部科学省二〇二〇a）。他にも、都市・過疎地域による合同部活動の推進や地方大会の検討等、部活動改革の動きは加速している。その中で、萩生田文部科学大臣は「人材確保の課題など都市部と地方の地域性の違いを踏まえたきめ細かな対応が必要」（文部科学省二〇二〇b）だとして、地域性の違いに着目している。ここでの地域性＝地域SESというわけではないが、地域性を示す一つの指標として地域SESをもとにした検証を行うことで、地域移行を考える一助になると考えられる。

(2) 使用するデータ

本章では、主に「中学校教職員の働き方に関する意識調査」(以下、本調査とする)のデータを用いる。本調査の概要は、viii頁を参照されたい。

本調査では、教職員を対象として部活動や働き方に関する実態と意識についてたずねている。部活動の実態については、担当する部活動の種類や、部員数、大会実績などについて、また部活動に参加している生徒の特性として、生徒の中学校入学以前の経験や、生徒の活動時間についてもたずねている。分析に使用する項目は表7－2にまとめている。これらの項目を用いて、部活動の実態を明らかにしていきたい。分析では、調査対象者である主幹教諭・教諭・常勤講師のうち、部活動顧問を担当しているものを分析対象とした[(2)]。

本章の重要な指標である地域SESは、本調査の回答からは算出することができないため、中島(二〇一四)の算出方法にならって算出した。

まず、国勢調査情報から本調査の対象校の所在する市区町村における男性の大学卒業者比率、女性の大学卒業者比率、男性の管理職比率を用いて算出した[(3)]。さらに、算出した地域SESを三分位で分け、地域SESの最も低いロー層、中程度のミドル層、最も高いハイ層の三つの区分とした[(4)]。これら地域SESの違いをふまえ、部活動の実態・意識がどのように異なるのか、次節から検証していこう。

表 7-2　分析に使用する変数一覧

変数名	分類方法
性別	「女性」= 0,「男性」= 1
年齢	あなたの年齢を教えてください(2017 年 10 月 1 日現在). ⇒回答された実数を使用した.
顧問の有無	「あなたは現在, 部活動の顧問に就いていますか.」 ⇒「就いている」= 1,「就いていない」= 0
地域 SES	対象地域の男性大卒比率・女性大卒比率・男性管理職比率をもとにして, 地域 SES を算出した.
週当たり活動日数	「(あなたが顧問をしている)部の活動している主な曜日すべてに丸をつけてください.」 ⇒丸のついた数を活動日数をして算出した.
週当たり活動時間	「(あなたが顧問をしている)部の 1 日あたりの活動時間はどのくらいですか. 今年度 10 月における平均的な時間をお答えください. (平日・休日)」 ⇒回答をもとに週当たりの活動時間を算出した.
部活動経験者	「(あなたが顧問をしている)部では, 中学入学以前に学校の授業以外でその活動を経験していた生徒の割合はどのくらいですか. 近いものをお答えください.」 ⇒「ほぼ全員」と「半数程度」を「半数以上」,「2 ～ 3 割程度」と「1 割程度」を「半数未満」,「ほぼいない」を「ほぼなし」として算出した.
部活動実績	「(あなたが顧問をしている)部のここ 3 か年における大会・コンクール等の実績でもっともよいものを教えてください.」 ⇒「全国レベルの大会に出場」を「全国レベル出場」,「地域ブロックレベルの大会に出場」を「地域ブロックレベル出場」,「都道府県レベルの大会に出場」を「都道府県レベル出場」,「地区レベルの大会に参加」を「地区レベル出場」,「参加したことがない」と「大会はなかった」は「出場なし」とした.
勤務時間	「勤務を要する日にあなたが, 学校に到着するのは何時ごろですか. 今年度 10 月における平均的な時間を 24 時間制で教えてください.」「勤務を要する日にあなたが, 学校から帰る(学校を出る)のは何時ごろですか. 今年度 10 月における平均的な時刻を 24 時間制で教えてください.」 ⇒上記の質問から 1 日当たりの勤務時間を算出した.
部活動立会時間	「(あなたが顧問をしている)部の活動に立ち会っている時間は, 1 日あたりどのくらいですか. 今年度 10 月における平均的な時間をお答えください. (平日・休日)」 ⇒回答をもとに週当たりの立会時間を算出した.
部活動意識	「部活動の顧問をストレスに感じる」「勤務校のなかでは, 部活動指導を熱心に行っている方だ」「顧問をしている部の競技成績・活動成績を向上させたい」「自分は保護者から, 部活動において熱心に指導することを期待されている」「勤務校の中には, 部活動に関して自分よりも忙しい教員がいる」「科学的知識に基づいて部活動指導を行うことができる」 ⇒「とてもあてはまる」= 4,「どちらかといえばあてはまる」= 3,「どちらかといえばあてはまらない」= 2,「まったくあてはまらない」= 1 として主成分分析によって, 算出した.
部活動顧問意識	「生徒は全員, 部活動に加入するべきだ」「部活動を通じて, 生徒と教員のきずなを深めることは大事だ」「部活動指導によって, 教員としての資質が向上する」「部活動指導と教科指導の両方に秀でてこそ, 一人前の教員だ」「部活動の顧問は, 教員が担うべきだ」「部活動顧問をしないと人事異動の際に不利になる」 ⇒「とてもあてはまる」= 4,「どちらかといえばあてはまる」= 3,「どちらかといえばあてはまらない」= 2,「まったくあてはまらない」= 1 として主成分分析によって, 算出した.

4 生徒に対する影響

最初に着目するのは、生徒の部活動の活動日数である。部活動を一週間のうちに何日行っているかを表したのが表7-3である[5]。それによると、全体の平均値で週当たり約五・五日活動していることがわかる。地域SES別にみると、若干ではあるがミドル層の活動日数が多い。ロー・ミドル・ハイの各層によって、活動日数に統計的に差があるかどうかを検証したところ、ロー・ミドル層の間、ミドル・ハイ層の間で統計的に差があることが認められた。これは、ミドル層が他の層と比べて、有意に活動日数が長いことを示している。ただし、その差は〇・二日程度であるため、大きな差とはいえない。

そこで、実質的な総数として部活動実態をみるために、週当たりの活動日数ではなく活動時間について整理したのが表7-4である。週当たりの活動時間をみると、全体の平均値は週当たり一四・〇時間であった。週当たりの活動日数の平均値が約五・五日であったことをふまえて単純に計算すると、一日当たり約二・五時間活動していると考えられる。地域SES別にみると、ミドル層の活動時間が最も長く一四・六時間、続いてハイ層が一四・〇時間、ロー層が一三・四時間という結果になった。各地域SESにて統計的な差が認められるか検定を行ったところ、ミドル層とロー層の間、ハイ層とミドル層の間に差が認められた。

表 7-3　地域 SES 別での活動日数分析

週当たり活動日数					
	n	平均値	標準偏差	最大値	最小値
ロー層	987	5.352	1.505	7	0
ミドル層	993	5.631	1.420	7	0
ハイ層	1,026	5.481	1.442	7	0
全体	3,006	5.489	1.460	7	0

多重比較 Bartlett's 検定の結果			
	ロー層	ミドル層	ハイ層
ロー層	―	0.000	0.139
ミドル層	0.000	―	0.067
ハイ層	0.139	0.067	―

表 7-4　地域 SES 別での活動時間分析

週当たり活動時間					
	n	平均値	標準偏差	最大値	最小値
ロー層	970	13.422	6.121	53	0
ミドル層	976	14.608	6.154	44	0
ハイ層	1,009	13.971	6.539	49	0
全体	2,955	14.001	6.294	53	0

多重比較 Bartlett's 検定の結果			
	ロー層	ミドル層	ハイ層
ロー層	―	0.000	0.152
ミドル層	0.000	―	0.078
ハイ層	0.152	0.078	―

これらを合わせると、活動日数、活動時間ともにミドル層に長時間化の傾向がみられることになる。また、実数をみるとミドル層とハイ層では数値が近いが、ミドル層とロー層では数値の差が大きい。統計的にもミドル・ハイ層とロー層において差があることが認められた。

次に、部活動をしている生徒の質的な違いに着目してみたい。具体的には、部活動を始める前に部活動と同様の活動を経験していた生徒(以下、部活動経験者)がどのくらいいるのかと、部活動の大会実績である。

部活動経験者割合を半数以上・半数未満・ほぼなしの三分類でみる(表7-5)と、どの地域SESにおいても、それぞれ半数以上が四割程度、半数未満が二・五割程度、ほぼなしが三割程度であり、地域SESごとの差異はみられなかった。

部活動の大会実績は、全国大会出場・地域ブロ

表 7-5　地域 SES 別 部活動経験者割合

	半数以上		半数未満		ほぼなし	
	n	%	n	%	n	%
ロー層	303	33.3	370	40.6	238	26.1
ミドル層	333	35.2	389	41.1	225	23.8
ハイ層	336	35.2	383	40.2	235	24.6
全体	972	34.6	1,142	40.6	698	24.8

表 7-6　地域 SES 別 大会実績

	全国レベル出場		地域ブロックレベル出場		都道府県レベル出場		地区レベル出場	
	n	%	n	%	n	%	n	%
ロー層	57	27.0	72	33.6	335	60.5	419	34.2
ミドル層	82	38.9	74	64.6	402	36.6	369	30.2
ハイ層	72	34.1	68	31.8	362	32.9	436	35.6
全体	211	100.0	214	100.0	1,099	100.0	1,224	100.0

カイ 2 乗検定の結果 p＝0.020

ック大会出場・都道府県大会出場・地区大会への出場／参加の四つに分け、地域ＳＥＳ別に集計を行った（表７－６参照）。その結果、統計的に有意な差が認められた。クロス集計であるため、結果の解釈はやや難しいが、基本的にはミドル・ハイ層で大会実績が高いことがうかがえる。例えば、全国大会出場はハイ層では三四・一％、ミドル層では三八・九％なのに対して、ローでは二七・〇％となっている。より高次な大会への出場に関して、地域ＳＥＳの影響が顕著であることが示された。

5　教師に対する影響

次に、教師に対する影響をみていこう（表７－７）。ここで着目するのは、教員の部活動への立会時間と部活動に対する意識である。

表7-7　地域SES別 教員の部活動立会時間分析

週当たり部活動立会時間						多重比較 Bartlett's 検定の結果			
	n	平均値	標準偏差	最大値	最小値		ロー層	ミドル層	ハイ層
ロー層	966	9.833	6.085	33.0	0.0	ロー層	—	0.000	0.319
ミドル層	967	11.133	6.542	40.0	0.0	ミドル層	0.000	—	0.009
ハイ層	1,002	10.263	6.272	38.2	0.0	ハイ層	0.319	0.078	—
全体	2,935	10.408	6.323	40.0	0.0				

表7-8　地域SES別 教員の1日平均勤務時間分析

勤務時間(1日当たり)						多重比較 Bartlett's 検定の結果			
	n	平均値	標準偏差	最大値	最小値		ロー層	ミドル層	ハイ層
ロー層	979	11.916	1.268	16.0	8.3	ロー層	—	0.000	0.000
ミドル層	984	12.159	1.300	17.0	5.4	ミドル層	0.000	—	0.835
ハイ層	1,017	12.193	1.225	16.7	8.7	ハイ層	0.000	0.835	—
全体	2,980	12.091	1.270	17.0	5.4				

まず、部活動への立会時間からみていこう。立会時間は週当たりで算出しており、全体での平均値は一〇・四時間であった。地域SES別にみると、ローで九・八時間、ミドル層で一一・一時間、ハイで一〇・三時間であった。これらを地域SESによって差があるのか検定してみたところ、ミドル層とロー層、ミドル層とハイ層の間に差が認められた。すなわち、ロー層もしくはハイ層と比較して、ミドル層は立会時間が長い傾向が示されたといえる。

ちなみに、一日当たりの勤務時間(部活動を含め、学校に滞在している時間)をみると(表7-8)、ロー層で一一・九時間、ミドル層で一二・二時間、ハイ層で一二・二時間であった。そもそも全体の平均で一二・一時間となっており、教員の長時間労働の実態がわかる。加えて、第3節で述べたように部活動の活動日数の平均が五・五日であったことをふまえると、一日当たりの立会時間は二時間程度と考えられる。勤務時間については、ミドル層とロー層、ハイ層とロー層の間に統計的に有意な差が確認された。このことから、勤務時間についてはロー層に比べるとミドル・ハイ層で高くなっていると考えられる。

これらのことをあわせると、ミドル層ではロー層と比べて、勤務時間・部活動立会時間ともに長時間化しているといえる。一方、ロー層をみると、ミドル・ハイ層に比べて勤務時間・部活動立会時間が短い傾向がみられる(6)。

次に、部活動に対する意識についてみておきたい。部活動に対する意識は大きく二つの意識をとりあげる。一つは、部活動に対する意識を包括的に示した「部活動意識」である。これは部活動についてたずねた七つの項目をもとにして作成した(7)。値が大きくなると、部活動に対してポジティブな傾向を、値が小さくなると部活動に対してネガティブな傾向を意味している。

表7-9に結果を示した。全体での部活動意識は〇・〇一六であった。地域SES別にみると、ロー層ではマイナス〇・〇四九、ミドル層では〇・一四〇、ハイ層はマイナス〇・〇四二であった。このことから、ロー層とハイ層は若干ではあるが部活動に対してネガティブな意識を持ち、ミドル層はポジティブな意識を持っているといえる。地域SES間に有意な差があるかを調べたところ、ミドル層とロー層の間、ハイ層とミドル層の間に差が認められた。すなわち、部活動に対してミドル層はポジティブな意識を持っているが、ロー・ハイ層はネガティブな意識を持っていることが統計的に有意な差として示されたことになる。

表 7-9　地域 SES 別 教員の部活動意識の分析

部活動意識

	n	平均値	標準偏差	最大値	最小値
ロー層	950	−0.049	1.885	4.381	−4.108
ミドル層	953	0.140	1.863	4.381	−4.108
ハイ層	988	−0.042	1.838	4.066	−4.108
全体	2,891	0.016	1.843	4.381	−4.108

多重比較 Bartlett's 検定の結果

	ロー層	ミドル層	ハイ層
ロー層	—	0.087	0.997
ミドル層	0.087	—	0.099
ハイ層	0.997	0.078	—

表 7-10　地域 SES 別 教員の部活動顧問意識の分析

部活動顧問意識

	n	平均値	標準偏差	最大値	最小値
ロー層	962	−0.005	1.768	3.946	−3.976
ミドル層	962	0.213	1.677	3.946	−3.976
ハイ層	1,003	−0.161	1.744	3.946	−3.976
全体	2,927	0.013	1.736	3.946	−3.976

多重比較 Bartlett's 検定の結果

	ロー層	ミドル層	ハイ層
ロー層	—	0.000	0.135
ミドル層	0.022	—	0.000
ハイ層	0.135	0.000	—

次に、同じく部活動に対する意識として、部活動顧問に特化した変数を用いる。ここでは、「部活動顧問としてどのようなことが求められると考えるか」といったように、部活動全般ではなく、部活動顧問の役割に特化した形で検証を行う。そのため、作成した変数を「部活動顧問意識」とする。この値が大きいと部活動顧問に対してポジティブな意識を持ち、値が小さいと部活動に対してネガティブな意識を持つことを示している[8]。

結果は表7－10に示した。まず、全体の傾向を見ると「部活動顧問意識」は〇・〇一三であった。地域SES別にみると、ロー層ではマイナス〇・〇〇五、ミドル層では〇・二一三、ハイ層ではマイナス〇・一六一であったことから、部活動顧問意識はミドル層、ロー層、ハイ層の順で高い傾向であるといる。これらが統計的に有意な差かどうかを確認すると、ミドル層とロー層、ハイ層とミ

表7-11　週当たり立会時間に関する重回帰分析

		標準化回帰係数	
地域SES（基準：ミドル層）			
	ロー層	−0.079	***
	ハイ層	−0.045	*
部活動意識		0.366	***
年齢		−0.167	***
性別		0.138	***
定数（回帰係数）		711.412	
調整済み決定係数		0.245	
N		2,812	

***p<0.001, *p<0.05

ドル層の間に差が認められた。そのため、ミドル層ではロー層・ハイ層と比べて、部活動顧問に特化してもポジティブな意識を持っていることが明らかとなった。

最後に、地域ＳＥＳによる立会時間と部活動に対する意識への影響をみておこう。立会時間と部活動に対する意識は相互に影響し合うため、地域ＳＥＳによる影響として明確化するために、立会時間と部活動に対する意識の項目同士の影響も加味したうえで検証する。

まず、立会時間への影響についてである。立会時間を従属変数（結果）として、部活動意識がどのような影響を与えているのかを検証するために重回帰分析を用いた[9]。その結果（表７－11）は、立会時間については、ミドル層を基準とした場合において、ロー・ハイ層の立会時間が短い傾向が明らかとなった。実数ベースでみると、ミドル層に比べてロー層は約一時間、ハイ層は約三〇分程度立会時間が短いことが示されている。

次に、部活動の意識についても、同様に重回帰分析を行った。従属変数（結果）はそれぞれ「部活動意識」変数（表７－12）と「部活動顧問意識」変数（表７－13）である。「部活動意識」に着目すると地域ＳＥＳによって意識の違いは統計的に有意な差としては認められなかった。一方、「部活動顧問意識」に着目すると、ミドル層に比べてロー層、ハイ層においてネガティブな意識を持っていることが示された。

表 7-12　部活動意識に関する重回帰分析

		標準化回帰係数	
地域 SES(基準：ミドル層)			
	ロー層	−0.009	
	ハイ層	−0.021	
週当たり立会時間		0.357	***
年齢		−0.092	***
性別		0.252	***
定数(回帰係数)		−1.938	
調整済み決定係数		0.264	
N		2,812	

***p<0.001

表 7-13　部活動顧問意識に関する重回帰分析

		標準化回帰係数	
地域 SES(基準：ミドル層)			
	ロー層	−0.040	†
	ハイ層	−0.088	***
週当たり立会時間		0.200	***
年齢		−0.098	***
性別		0.114	***
定数(回帰係数)		−0.416	
調整済み決定係数		0.091	
N		2,831	

***p<0.001, †p<0.1

6 ミドル層の部活動「過熱」はなぜ起こるのか？

以上の分析結果から、地域ＳＥＳのミドル層にて部活動は長時間化し、教員もポジティブな意識を持っていることが明らかとなった。いわば、ミドル層で部活動は活発化し、ともすれば過熱している状況にある。それが意味するところについて考察していきたい。

第2節にて詳述したＳＥＳと教育達成の関連に着目した研究では、ロー層・ミドル層・ハイ層の順に学力が高くなり、特にロー層とハイ層の差を問題視してきた。いわば、ロー／ハイ層の二項対立となっている状況に対して、「格差」として問題視してきたのである。一方、本章にて地域ＳＥＳに着目して部活動を分析したところ、ミドル層という中間層において部活動が過熱している可能性を指摘できた。これは、既存の格差研究ではロー層では学力が低く、ハイ層では学力が高いといったように、ＳＥＳと学力の相関関係が容易に指摘できたのに対して、部活動ではロー層からハイ層に直線的（一次関数的）な動きではなく、ロー層・ハイ層では低位、ミドル層では高位という、曲線的（二次関数的）な動きを見せ、学力のような相関関係を示すことはなかった。それでは、部活動におけるミドル層とはどのような状況にあるのだろうか。ここでは、今一度基本的な数値の大小に着目しながら、ミドル層の特徴について考察したい。

表7－14では、週当たり活動日数、週当たり活動時間、週当たり立会時間、「部活動意識」、「部活動顧問意識」の五つの項目について、地域ＳＥＳ別に回答者数（ｎ）、平均値、標準偏差を

表 7-14　教員の週当たり活動日数，週当たり活動時間，週当たり立会時間，部活動意識，部活動顧問意識の比較

週当たり活動日数	n	平均値	標準偏差
ロー層	987	5.352	1.505
ミドル層	993	5.631	1.420
ハイ層	1,026	5.481	1.442
全体	3,006	5.489	1.460

週当たり活動時間	n	平均値	標準偏差
ロー層	970	13.422	6.121
ミドル層	976	14.608	6.154
ハイ層	1,009	13.971	6.539
全体	2,955	14.001	6.294

週当たり立会時間	n	平均値	標準偏差
ロー層	966	9.833	6.085
ミドル層	967	11.133	6.542
ハイ層	1,002	10.263	6.272
全体	2,935	10.408	6.323

部活動意識	n	平均値	標準偏差
ロー層	950	−0.049	1.885
ミドル層	953	0.140	1.863
ハイ層	988	−0.042	1.838
全体	2,891	0.016	1.843

部活動顧問意識	n	平均値	標準偏差
ロー層	962	−0.005	1.768
ミドル層	962	0.213	1.677
ハイ層	1,003	−0.161	1.744
全体	2,927	0.013	1.736

記載した。それによると五つの項目すべてにおいて、ミドル層の平均値が他の層に比べて大きいことがわかる。生徒たちの部活動の実態を示す週当たり活動日数では〇・二程度の軽微な差であるが、週当たり活動時間では一時間程度ミドル層の方が長い。教師に対する影響を示した週当たり立会時間では〇・九〜一・三時間程度長く、「部活動意識」と「部活動顧問意識」ではロー層・ハイ層がマイナスの値を示しているのに対して、ミドル層だけがプラスの値を示している。これらミドル層にみられる他の層との違いは、前節までに示したように統計的にも有意な差として認められている。活動時間や立会時間といった実態としての側面の大小のみならず、「部活動意識」、「部活動顧問意識」という意識の側面でも正負をまたいで数値が異なることを考えると、ミドル層の学校では、ロー層・ハイ

層の学校と比べて、部活動が明らかに「過熱」していると考えられる。

それでは、なぜミドル層で部活動が「過熱」するのだろうか。おさえておきたいのは、ミドル層の学校は「過熱」しているのではなく、部活動が「過熱」できる環境にあるということである。本章で着目してきたSES（正確に言うならば地域SES）は、単純化するとハイ層は社会経済的に恵まれた地域にある学校、ロー層は苦しい地域にある学校、ミドル層はその中間ということになる。そうすると、SESの高いハイ層では部活動で実施されている文化活動やスポーツが習い事で実施されることや、それら以外に塾などの学校外活動に熱心な状況が考えられる。一方、ロー層では近年の「子どもの貧困」の議論に代表されるように、学校が部活動以外の教育活動に注力せざるを得なかったり、子どもたちの関心も部活動以外にむかったりしている可能性がある。これらに対しミドル層では、社会経済的状況が「普通」であるがゆえに、生徒・教師ともに部活動に注力でき、学校教育の一部として部活動が「過熱」する環境が整っている可能性がある。学校教育として、部活動を熱心に取り組む状況が維持されるうちに、想定以上の「過熱」といえる状況を生んでいると考えられる。【第3刷への注記：初版第2刷まで本節では平均値と変動係数を算出していたが、平均値のみによる検討が適切と判断し、変動係数関連の記述を削除した】

7　地域と部活動の持続可能な関係性を考える

これまで格差研究は、親のSESを子どもが引き継ぐことで格差が再生産されることを明らかにし、その問題性を訴えてきた。だが本章が示すように、部活動においては「普通」であるミドル層で部活動が過熱するという一つの問題を生み出すのである。これは部活動が過熱できるくらいに個人や地域に問題がなく、安定しているからこそ生じている問題といえる。部活動の問題の難しさは、こうした部活動が「普通」であることに起因するとも考えられる。本章で指摘した地域SESによる部活動の実態の差異が、具体的にどのような地域SESの違いによって生じているのかさらなる分析が必要であるが、少なくともロー層・ミドル層・ハイ層の違いを指摘することができた。第2節でも述べたように、SESに着目した研究は、学力をはじめとする教育達成を主な研究対象としてきたが、部活動に着目すると、従来の研究で描かれていたような直線的な関係(SESの高低と学力の高低が相関している関係)ではなく、ミドル層でのみ「過熱」するという新たな結果が得られた。そのため、今後は個人のSESも含め、SESという指標をふまえた部活動の議論が必要になるだろう。

また、部活動は学校単位と考えられがちであるが、地域という単位も重要な要素となる。例えば、練習試合の設定や大会の運営などを考えると、複数の学校や近隣地域での実施が基本となる。そのため、一つの学校の考えだけで、部活動を廃止するといったことは現実的に難しい。このように地域という集合的な見方をもって部活動を見ていく必要があるだろう。

今後の部活動を考えるにあたっては、文部科学省が示す地域移行は大きなキーワードである。

そうしたときに「地域に指導できる人材はいるのか」「部活動ができる場所があるのか」といったことが論点としてあげられるが、本章で示したように、「地域」と一言で表現しても、そこに内包される要素は非常に多い。単に、人や場所の問題だけでなく、子どもたちの生活、教員たちの指導状況が大きく異なっている。そして、部活動が過熱している状況や、学校・地域に根付いていることをふまえると、部活動を学校外にうつせばよいという単純なことにはならない。学校・地域の文化として根付いている状況をふまえて考えていく必要があるだろう。

本章では、地域SESを手がかりとして、部活動の個別性にせまってきたが、これはあくまでも地域をあらわす一つの変数でしかない。部活動の地域移行を進めていくならば、このような地域の個別性について丁寧な検証が欠かせない。持続可能な部活動の形は、その検証の先に見出しうるだろう。

注

(1) 経済資本と文化資本に加えて、社会関係資本も教育達成に影響を与えるとされる。詳しくは、松岡(二〇一九)を参照されたい。

(2) ただしデータの性質上、生徒に関する項目であっても教師による回答をもとにしている点は、分析の限界として留意を要する。

(3) 使用したのは、二〇一五年に実施された国勢調査の結果のうち、当該市町村における男性の大学卒業者比率、女性の大学卒業者比率、男性の管理職比率である。具体的な算出方法は中島(二〇一四)を参考にして、三つの数値をそれぞれZ得点化し、Z得点化された三つの数値の平均をとって地域SESとした。これらは、あくまで本調査の対象におけるロー・ミドル・ハイ層という位置づけを相対的に表していることとなる。

(4) 各区分における男性大卒比率、女性大卒比率、管理職比率は表7-15の通りである。地域SESそれぞれの数値をみると、男性大卒比率と管理職比率に大きな違いはないが、女性大卒比率はロー層とハイ層では平均値ベースで約七%の差異があることから、女性大卒比率が地域SESを区分する大きな要因となっていると考えられる。

(5) 結果は地域SESごとの平均値、標準偏差、最大値、最小値を示している。また、地域SES(ロー・ミドル・ハイ)間に統計的な差があるかどうかは多重比較を行い、Bartlett's検定を行った。本文中では、検定結果が〇・一未満であった場合に「有意な差がある」として言及している。

(6) 地域SES別にみるとロー層の勤務時間が短いと示されるが、それでも一日当たりの勤務時間が一一時間を超えていることは指摘しておきたい。

(7) 第四章で用いた「部活動意識」変数と同じ算出方法を用いている。詳細は第四章を参照されたい。

表7-15　各区分における男性大卒・女性大卒・管理職比率

		学校数	平均値	標準偏差	最大値	最小値
ロー層	男性大卒者比率	90	0.205	0.086	0.426	0.066
	女性大卒者比率	90	0.042	0.012	0.083	0.019
	管理職比率	90	0.032	0.007	0.043	0.015
ミドル層	男性大卒者比率	78	0.194	0.075	0.336	0.062
	女性大卒者比率	78	0.055	0.018	0.100	0.016
	管理職比率	78	0.037	0.007	0.054	0.024
ハイ層	男性大卒者比率	75	0.207	0.081	0.393	0.054
	女性大卒者比率	75	0.110	0.046	0.248	0.022
	管理職比率	75	0.041	0.013	0.095	0.025
全体	男性大卒者比率	243	0.202	0.081	0.426	0.054
	女性大卒者比率	243	0.069	0.042	0.248	0.016
	管理職比率	243	0.036	0.010	0.095	0.015

（8）「部活動顧問意識」変数は、「部活動意識」変数と同様に主成分分析を用いて算出した。主成分分析の説明は、第四章を参照されたい。「部活動顧問意識」変数における主成分分析の結果は、第一主成分の固有値は二・八七、寄与率は四七・八％であった。これは、約三つの質問の回答を集約し、部活動顧問意識について五割程度説明していることを意味している。他に五つの主成分が算出されたが、固有値、寄与率の観点から本稿では第一主成分のみを採用した。第一主成分の主成分負荷量は表7－16の通りである。

（9）重回帰分析では、調整変数として性別、年齢、部活動意識を投入している。続く、部活動意識と部活動顧問意識に関する重回帰分析では、性別、年齢、週当たり立会時間を調整変数とした。

参考文献

古田和久、二〇一八、「出身階層の資本構造と高校生の進路選択」『社会学評論』六九（一）：二一～三六頁
朴澤泰男、二〇一六、『高等教育機会の地域格差――地方における高校生の大学進学行動』東信堂
松岡亮二、二〇一九、『教育格差』筑摩書房
文部科学省、二〇二〇a、「学校における働き方改革に係る文部科学省の取組状況① 学校における働き方改革推進本部（第四回）」（https://www.mext.go.jp/content/20200901-mxt_kouhou01-100002242_7.pdf 最終アクセス二〇二一年四月一三日）

表7-16　部活動顧問意識に関する主成分分析

		第一主成分
主成分負荷量	生徒は全員，部活動に加入するべきだ	0.348
	部活動を通じて，生徒と教員のきずなを深めることは大事だ	0.453
	部活動指導によって，教員としての資質が向上する	0.489
	部活動指導と教科指導の両方に秀でてこそ，一人前の教員だ	0.464
	部活動の顧問は，教員が担うべきだ	0.459
	部活動顧問をしないと人事異動の際に不利になる	－0.094
寄与率		47.8％

文部科学省、二〇二〇b、文部科学省ホームページ「今日の出来事 令和二年九月 第四回学校における働き方改革推進本部を開催し、部活動の改革などについて議論を行いました」(https://www.mext.go.jp/b_menu/activity/detail/2020/20200901.html 最終アクセス二〇二一年四月一三日)
中村瑛仁、二〇一九、「学校環境の違いによって教師役割はいかに異なるのか？――校区の社会経済的背景に着目しながら」『教師学研究』二二(一)：一～一一頁
中島るり、二〇一四、「社会経済的背景と子どもの学力(2) 地域の社会経済的背景による学力格差」国立大学法人お茶の水女子大学『平成二五年度全国学力・学習状況調査(きめ細かい調査)の結果を活用した学力に影響を与える要因分析に関する調査研究』七一～八二頁
総務省統計局ホームページ、二〇一五、「平成二七年国勢調査結果」(https://www.e-stat.go.jp/stat-search/database?ppage=1&toukei=00200521&tstat=000001080615 最終アクセス二〇二一年四月一三日)

第七章のポイント

▼地域SES（社会経済的背景）のミドル層およびハイ層の学校の生徒は部活動の大会実績が高く、活動時間・日数ともにミドル層が多い。

▼ミドル層の学校の教師は部活動顧問の時間が長時間化し、同時に部活動にポジティブな意識を持つ傾向がある。

▼ミドル層の学校の生徒集団はロー・ハイ層に比べ同質性が高く、それゆえに部活動が過熱しやすい可能性がある。

第八章

部活動は安全か
――熱中症事案が映し出す「制度設計なき教育活動」の重大リスク

Keywords▶ リスク
新型コロナウイルス
熱中症

1 部活動というリスク

二〇二〇年に始まった全世界的な新型コロナウイルスの感染拡大は、人びとの営みを一変させた。

ドイツの社会学者、ウルリヒ・ベックは名著『危険社会』(一九八六=一九九八)のなかで、「貧困は階級的で、スモッグは民主的である」と論じた。産業社会における富の分配(貧困)には、階層間の偏りが生じる。一方で、リスク社会における環境汚染(スモッグ)は、空間の制約を超え、階層を問わずすべての人びとに等しく降りかかる。

新型コロナウイルスもまた、国や地域を問わず、学校、家庭、職場とあらゆる領域に侵入した。日本では二〇二〇年二月二七日の安倍晋三首相（当時）による突然の全国一斉休業の要請に始まり、学校は全国的に五月頃まで長期間の休校状態がつづいた。感染拡大を回避するために学校が休みになったということは、授業はもちろんのこと部活動も休みの「はず」である。そして学校が再開されてからも、授業であれ部活動であれ「三密」（密集、密接、密閉）回避は必須の「はず」である。ウイルスは、教育活動の種類を問わず、授業にも部活動にも侵入するからだ。

ところが、リスクは遍在するとしても、リスクに対するリアクションには偏りが生じていたということが、コロナ禍における筆者の観察結果である。部活動は感染対策の例外とされたケースが多く見受けられた。

同じ運動だとしても、体育の授業では器具や道具を共有することは避けて、一人ひとりが距離を空けるかたちで、走る、ダンスをする、なわとびをするといった工夫がほどこされた。一方で、運動部活動では試合中は言うまでもなく、練習の時間帯もしばしば、従来と変わらない活動が繰り広げられた。体育では感染症予防に力が注がれていても、運動部活動ではそれが大幅にゆるめられてしまう。すべての学校でそうしたことが起きていたわけではないものの、そうは言っても部活動が「特別扱い」されていることについて検討が必要である。

なぜ、部活動は特別扱いされるのか。部活動は、はたして安全に運営されているのか。その背景を明らかにしながら、部活動が内包する重大リスクの実態に迫っていきたい。

2 コロナ禍の特別扱い

(1) 全国一斉休業中も部活動

新型コロナウイルスの感染拡大を受けて、学校は二〇二〇年三月から五月にかけて、全国的に一斉休業の期間がつづいた。当時、春の段階では新型コロナウイルスはまったく未知なウイルスであり、また著名人の感染死亡事例も報じられて、日本全体が新型コロナウイルスの脅威におののいていた。その期間中にあって、一部の部活動は「特別扱い」されていた。

愛知県では、学校の臨時休校がつづくなか、県教育委員会は三月九日付の通知で、春休み前の三月一二日から一九日まで、県立高校における部活動の再開を認めた(『毎日新聞』二〇二〇年三月一〇日付、『中日新聞』二〇二〇年三月一四日付)。四月以降の公式戦に向けて練習なしで挑んだ場合に負傷事故が起きやすくなるというのが、容認の理由である。公式戦の完全開催が前提とされ、一方で新型コロナウイルスのリスクは過小評価されて、特権的に部活動再開の道が開かれた。

愛知県教育委員会が部活動再開を容認した当時、文部科学省は「部活動は学校の教育活動の一環として行われるものであり、今回の臨時休業期間中は、部活動の実施は基本的には自粛されるべきものと考えます」(「新型コロナウイルス感染症対策のための小学校、中学校、高等学校及び特別支援学校等における一斉臨時休業に関するQ＆A(令和二年三月四日時点)」)との立場をとっていた。国が部活動の自粛を要請するなかで、県教委が独自に部活動の再開を取り決めたことになる。

ただし補足しなければならないのは、教育委員会としては、臨時休校中に部活動にくわえて補習も実施できるようにしていた(『教育新聞』二〇二〇年三月一二日付)。つまり、単に部活動のみの再開を認めたわけではなく、補習すなわち学習にも配慮している。学校として公式の授業はできないとしても、補習という非公式のかたちであればよいということである。

しかしながら、こうした方針が学校に下りたときに何が起きるかについては留意が必要だ。ある県立高校では教育委員会の通知を受けて、春休み前までの期間における学習活動と部活動の方針を保護者宛に発表した。それは、学習活動としては教室を開放し(いわゆる自習)、部活動としては平日二時間の活動が実施できるというものであった。教育委員会としては補習も部活動も認めているが、この高校では補習はおこなわれず、教室が開放されるにとどまり、部活動だけがおこなわれた。学校が最優先で取り組むべきは、はたして部活動でよいのだろうか。

(2) 制度設計なき「自主的」活動

なぜ部活動は、特別扱いされるのか。

それは、部活動の時間帯に廊下がトレーニングの場になるという現状をもって説明することができる。部活動の練習時に、廊下を走ることは、学校の日常風景である。だが放課後の部活動が始まる直前まで、廊下を走ることは禁じられている。転倒や衝突などの事故を防止するためである。部活動の時間になれば、急に廊下が安全になるわけではない。

授業の時間帯を思い浮かべてみよう。体育館や音楽室に生徒がたくさん集まりすぎてあふれ出るということは起こらない。それは、学校という施設が、授業が滞りなく運営できるように設計されているからである。もし場所が足りなくなったら、体育館や教室を増やすか、学校を新たにつくることになる。

他方で中学校や高校の学習指導要領(中学校は二〇一七年改訂、高校は二〇一八年改訂)には、部活動とは「生徒の自主的、自発的な参加により行われる」ものと定められている。「自主的」な活動とは、すなわち「好き勝手にやっている」ということである。それゆえ部活動には、制度的に十分な準備が整えられていない。そこで一斉に部活動が実施されるために、活動場所が足りなくなってしまい、廊下を走ることになる。こうして生徒は、夕刻前までは「走るな」と命じられていた廊下を、夕刻になると「走れ」と命じられることになる。そのリスクが直接身体に降り掛かってくるのは、校長でも顧問でもなく、生徒自身である。

先に述べたように、コロナ禍にあって部活動はしばしば特別扱いされてきた。授業は休みでも、部活動は実施される。体育では厳格にコロナ対策がなされても、部活動ではそれが緩和される。それらはすべて、「自主的」という部活動の曖昧な位置づけがもたらす作用である。

3　熱中症の重大事故

(1) 死亡事故の八割が運動部活動

新型コロナウイルスの感染拡大に際しては、夏が近づくにつれて、新型コロナウイルス感染症と熱中症のリスク対策の相性の悪さが大きな懸念として浮かび上がってきた。感染症予防のためにマスクを着用すべきだが、熱中症予防のためにはマスクははずしたほうがよい。また、感染症予防のために窓を開放すべきだが、熱中症予防のためには窓を閉めたうえでエアコンを稼働させたほうがよい。

熱中症については、毎年多くの子どもが病院に搬送されている。そしてじつは、部活動においてこそ、熱中症の重大事故が発生している。リスクは、コロナだけではない。

日本スポーツ振興センターの「学校事故事例検索データベース」を用いて二〇〇五～二〇一八年度における死亡見舞金の支払い事例を調べると、小学校・中学校・高校における熱中症の死亡事故は二四件が確認できる。一年あたり平均一・七件である。新型コロナウイルス感染症にくわえて、熱中症にはいっそうの注意が必要であるといえる。

学校種別では、小学校が一件(四・二%)、中学校が四件(一六・七%)、高校が一九件(七九・二%)と、圧倒的に高校で死亡事故が多く起きている。

活動状況別では、体育・体育祭等・休憩時間・登下校等がいずれも一件（四・二％）ずつで、運動部活動が二〇件（八三・三％）と大多数を占めている（図8-1）。なお運動部活動二〇件のうち、中学校は二件、高校は一八件である。熱中症による死亡事故の防止については、とりわけ高校の運動部活動に集中的な対策が必要であると言える。

(2) 中学校運動部では体育の一〇倍

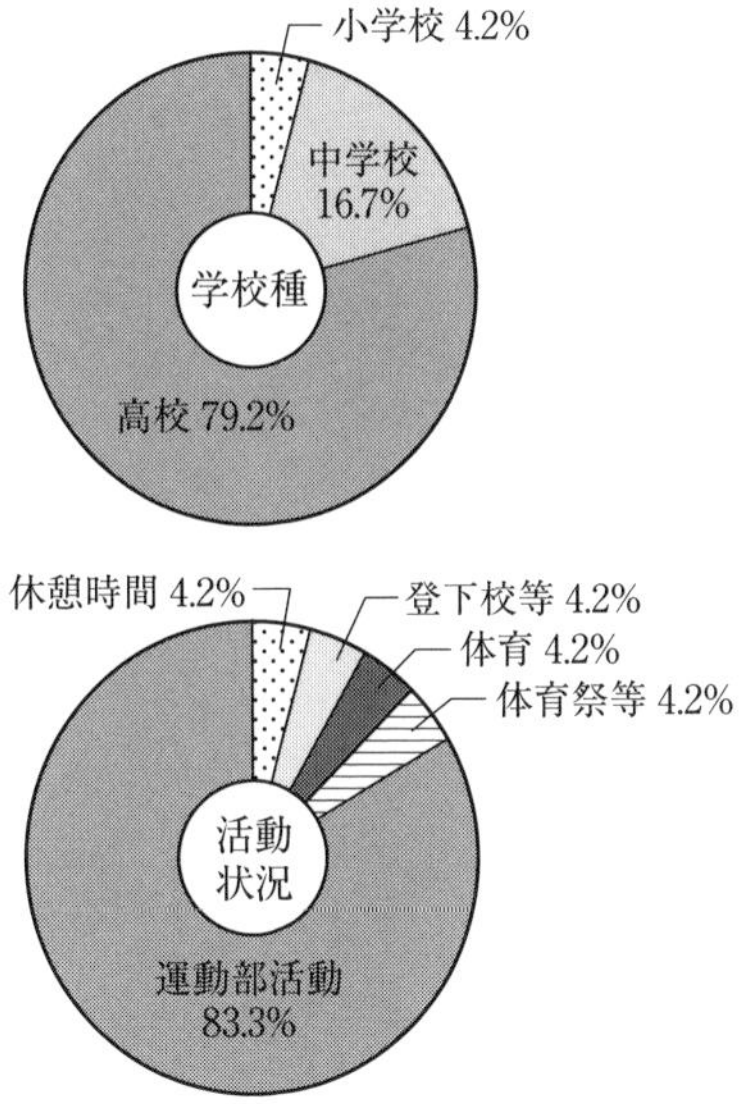

図8-1　熱中症による死亡事故の学校種／活動状況（小中高, 2005〜2018年度）

日本スポーツ振興センターは、『学校の管理下の災害』という災害共済給付の報告書を毎年刊行している。報告書には、初診から治癒するまでの医療費総額が五〇〇〇円以上（窓口負担額ではない）を要した各種事故事案の件数が示されている。二〇一八年度の熱中症に関していうと、中学校では二九一二件、高校では三五五四件が報告されている。

ここで熱中症の発生状況（医療費支払件数）を、体育の授業と運動部活動との間で比較してみよう。その際に、代表的なスポーツ事故として、医療費支払い件数が多く確認されている骨折、捻挫、脱臼、挫傷・打撲、靱帯損傷・断裂の各発生状況を一つの基準として参照することで、熱中症における体育と運動部活動との差を明らかにしたい。

図8-2は二〇一六〜二〇一八年度の中学校における、骨折と熱中症それぞれの医療費支払い事例について、その活動状況別の内訳を示したものである。中学校では骨折は一年あたり平均で

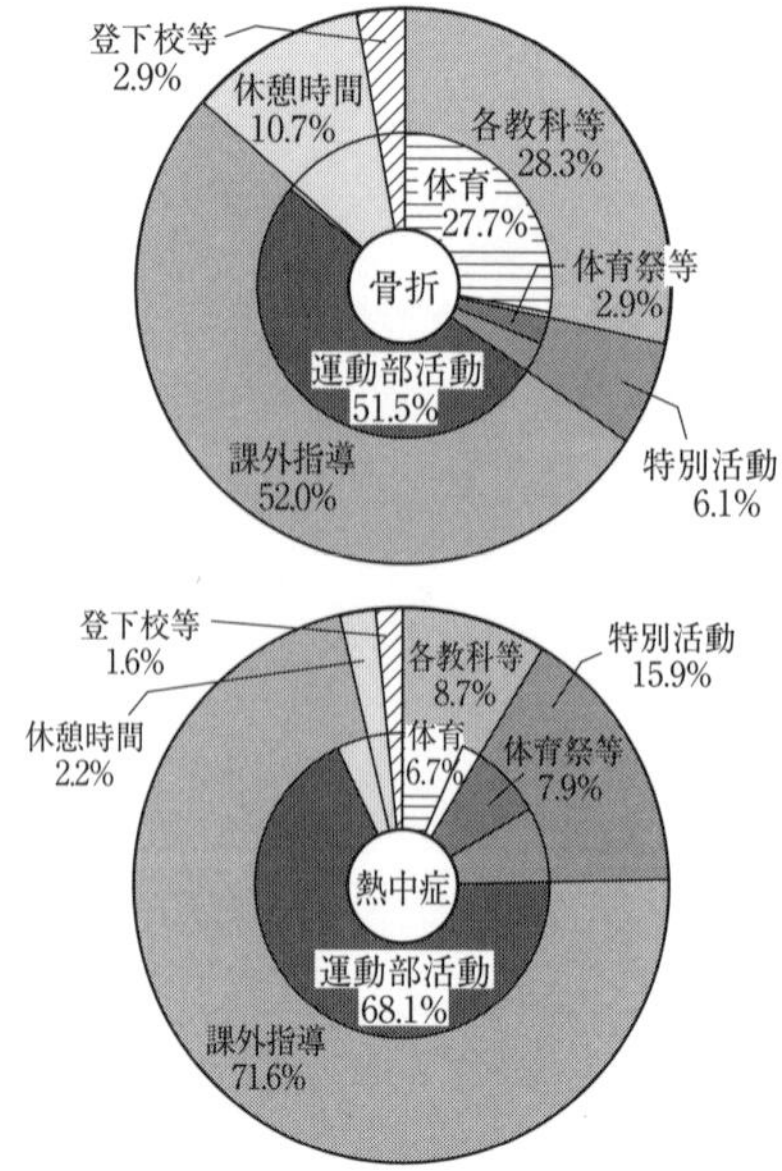

図8-2　骨折／熱中症が起きた活動状況（中学校，2016〜18年度）

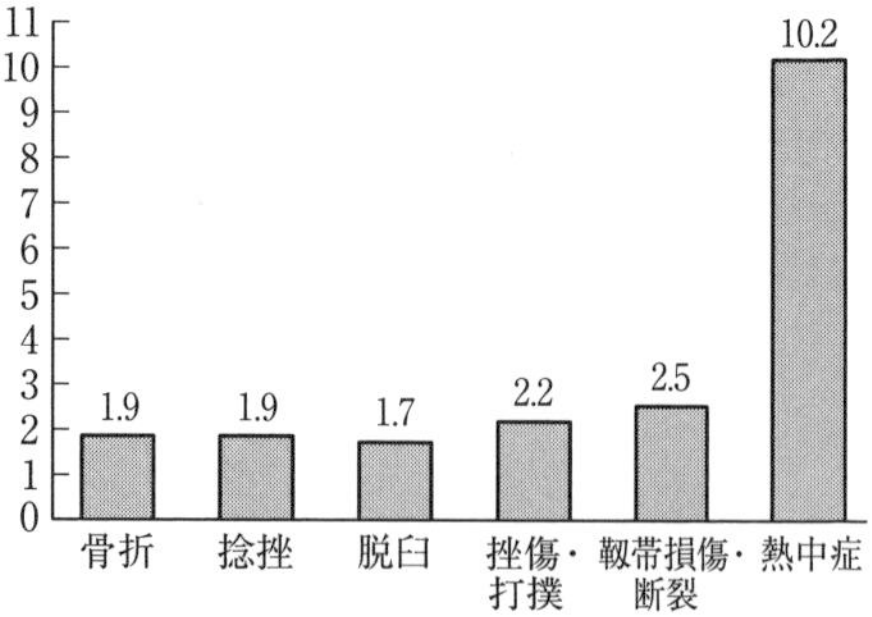

図8-3　運動部活動における各種事故の発生倍率（中学校，2016〜18年度）

注：体育を1としたときの運動部活動の倍率

九万九四九七件が、熱中症は二三二四件が確認されている。その内訳をみると、骨折に比べて熱中症では、体育の割合が小さく、運動部活動の割合が大きいことがわかる。

この点をさらに掘り下げるために、中学校における各種活動状況のなかで体育と運動部活動のみの数値に着目しよう。図8-3では、骨折、捻挫、脱臼、挫傷・打撲、靱帯損傷・断裂と熱中症の各件数について、二〇一六～二〇一八年度の間に運動部活動では体育の何倍の事故が起きているかを倍率により示した。

骨折、捻挫、脱臼、挫傷・打撲、靱帯損傷・断裂は、一・七倍～二・五倍の範囲内にとどまっているのに対して、熱中症では極端に数値が跳ね上がり、体育の一〇・二倍の事故が運動部活動で発生している。

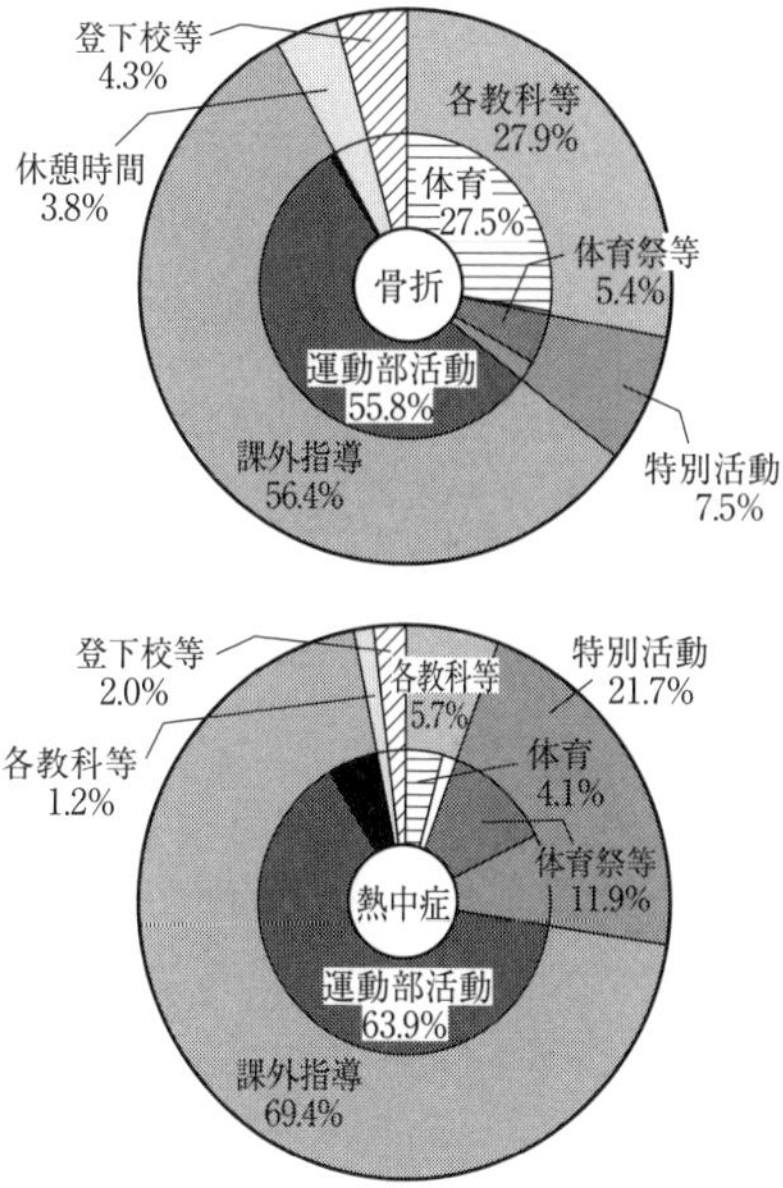

図8-4　骨折／熱中症が起きた活動状況（高校，2016～18年度）

(3) 高校運動部では体育の一六倍

高校の場合には、上記の傾向はさらに強くなる。図8-4と図8-5は、さきほどの中学校の図8-2と

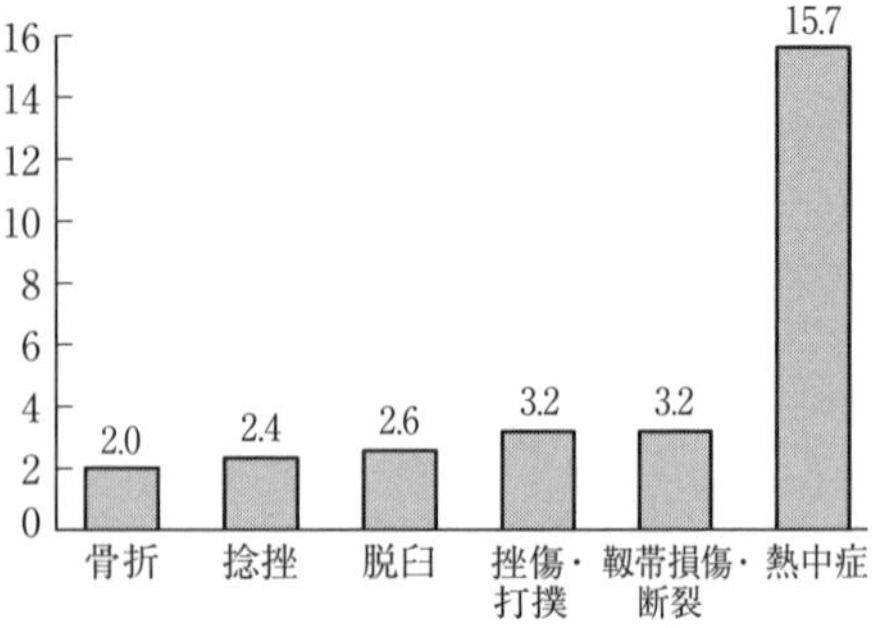

図8-5　運動部活動における各種事故の発生倍率(高校, 2016〜18年度)

注：体育を1としたときの運動部活動の倍率

図8－3の数値を、高校の数値に置き換えたものである。

高校では骨折は一年あたり平均で六万四一九一件が、熱中症は二七四六件が確認されている。図8－4のとおり、中学校同様にその内訳は、骨折よりも熱中症において、体育の割合が小さく、運動部活動の割合が大きい。そして図8－5からは、骨折、捻挫、脱臼、挫傷・打撲、靱帯損傷・断裂については、部活動の事故件数が体育の二・〇倍～三・二倍の範囲内にとどまっているのに対して、熱中症については倍率が極端に高くなり、体育の一五・七倍の事故が運動部活動で発生していることがわかる。高校では、骨折等の倍率も中学校よりは高いものの、それを考慮してもなお、熱中症の一五・七倍というのは中学校よりも大きな差となって表れている。

このように中学校と高校のいずれにおいても、骨折等の各種事故を参照したときに、熱中症は体育よりも運動部活動でとりわけ起こりやすく、かつその傾向は高校においてより顕著である。この知見は、先に示した熱中症の死亡事故の分析において、高校の運動部活動の死亡事故が突出して多いこととも符合する。

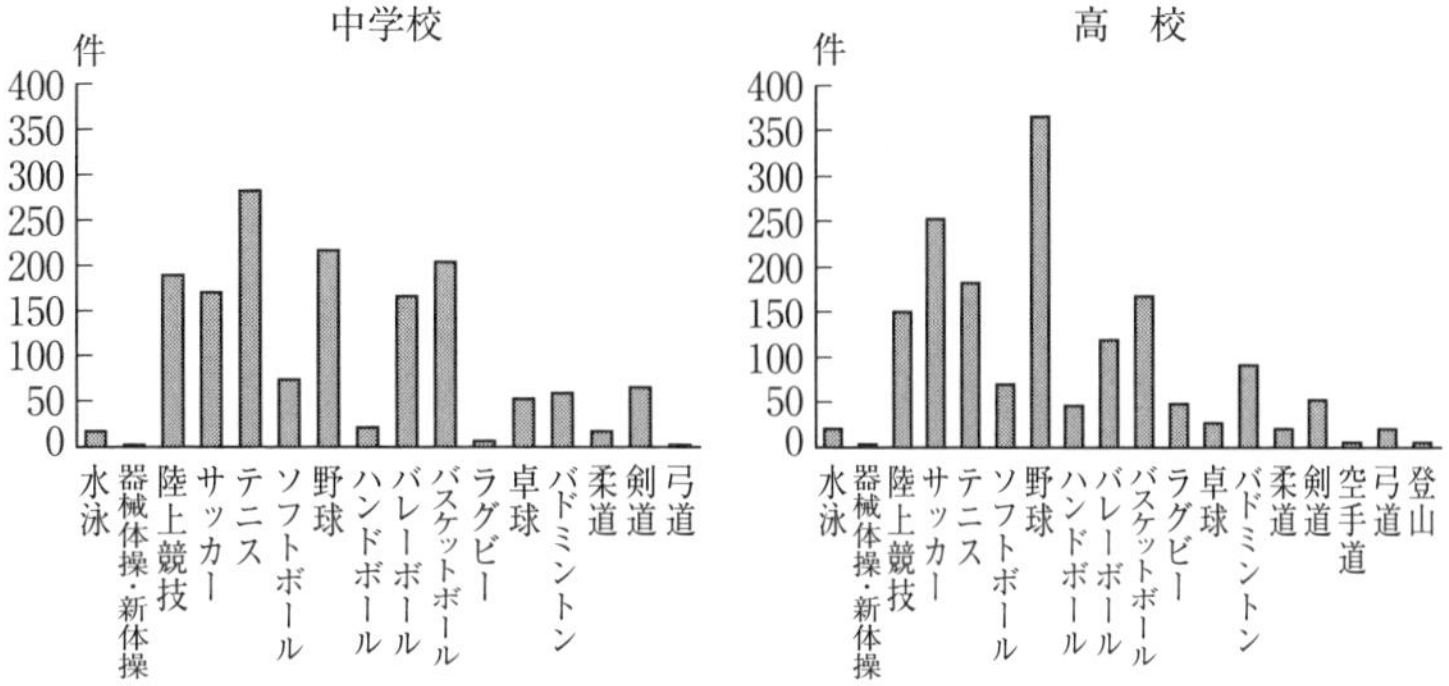

図 8-6　運動部活動における競技種目別の熱中症発生件数
(2016〜18 年度，年平均)

4　熱中症事故の競技種目別分析

(1) 発生件数と発生率

熱中症やスポーツ傷害以外のさまざまな指標を含めても、運動部活動の現状について競技種目を一覧して数量的に比較検討するような分析は数少ない。

筆者が調べた限りでは、競技種目の実態を横断的に調べたうえで熱中症のリスクを検討するという試みは、ほとんどおこなわれていない。各競技種目の関連団体は、競技者向けに熱中症予防の啓発資料を作成しているものの、「こまめな水分補給や休憩」「暑さ指数に応じた活動」といった競技種目共通の一般的な方針にとどまっているものがほとんどである。

『学校の管理下の災害』からは、全国の学校における競技種目別の負傷や疾病の件数を知ることができる。そこでまずは、中学校と高校それぞれの運動部活動について、競技種目別の熱中症の発生件数を整理し、過去三年分の平均値を算出した(図8-6)。

なお分析に際しては、とくに部員数を分母にした発生率の算出にあたって、日本中学校体育連盟と全国高等学校体育連盟と日本高等学校野球連盟がそれぞれに実施している部員数調査のデータを参照した。三つの連盟は中学校や高校の運動部の部員数を、毎年調査している。そのデータをとりまとめて、全国の部員数が過去三年の平均値で五〇〇〇人を超える競技種目のみに、分析の対象を限定することとした。

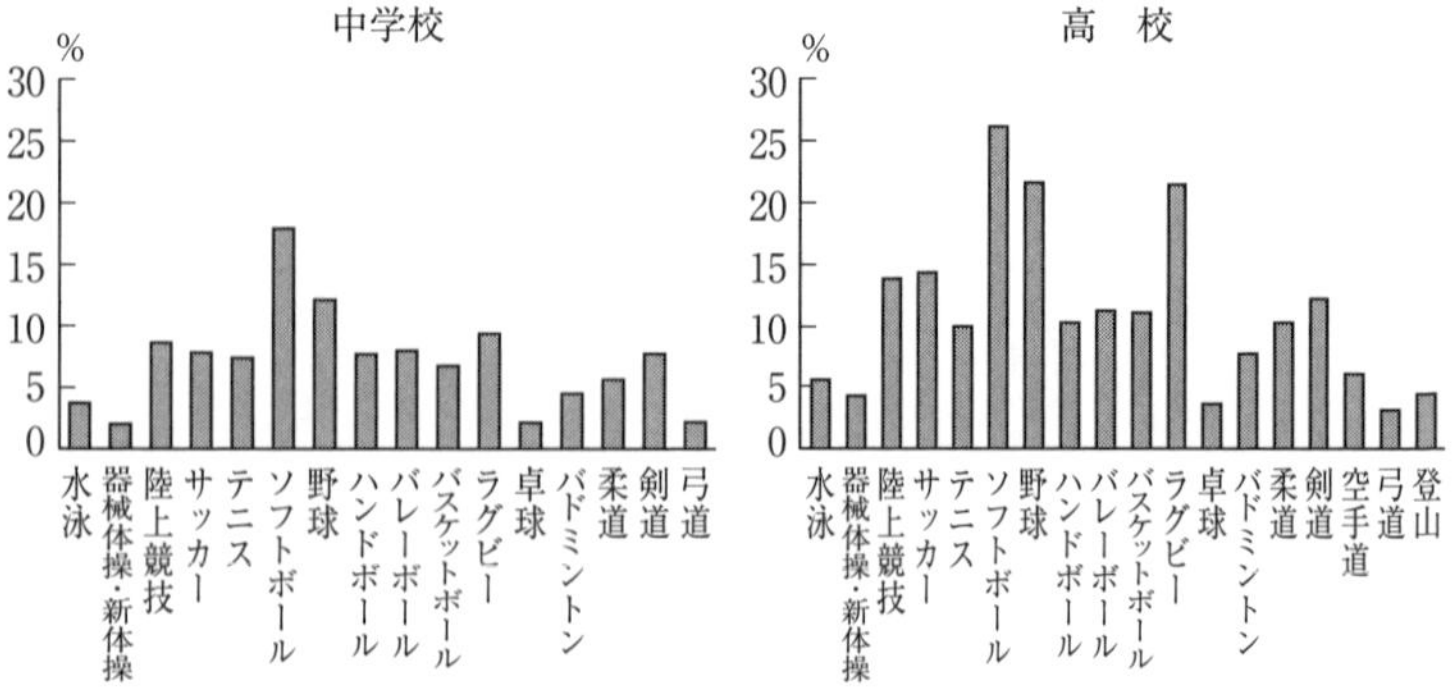

図8-7　運動部活動における競技種目別の熱中症発生率
(2016〜18年度，部員1万人あたり)

熱中症の発生件数を競技種目間で比較してみると、中学校ではテニス部(ソフトテニス部を含む。以下同様)がもっとも多いものの、野球部、バスケットボール部、陸上競技部、サッカー部、バレーボール部も、件数が比較的多い一群とみることができる。高校では、野球部が目立って多く、サッカー部、テニス部がそれにつづいている。

しかしながら単純に考えると、熱中症の発生件数は、部員数が大きければそれに応じて増えていく。実際に、中学校で発生件数がもっとも多かったテニス部は、運動部のなかでも人気が高く、部員数も最多である。同じく、高校でも野球部は、サッカー部やテニス部とならんで最大規模の部員数を有している。

そこで各競技種目でどれくらい熱中症が発生しやすいかを調べるために、熱中症の発生件数を部員数で除して、発生率(一万人あたり)を算出したところ、中学校と高校いずれにおいても、発生率の最多はソフトボール部で、二番目が野球部、三番目がラグビー部という結果になった(図8-7)。いずれも屋外の競技種目であり、とくにソフトボールと野球は、もともと野球から派生したのがソフトボールであることからも、競技種目としての類似性が高い。

(2) 着衣条件と長時間練習

田中英登らは、野球において熱中症が多い理由に「野球指導者の熱中症に関する知識や意識の不足、非効率的な練習法などが挙げられ、さらに夏季においても全身を覆ったユニフォームを着用し、炎天下で長時間の練習を行うことなども挙げられる」(田中・薩本二〇〇五、一八二頁)と述べる。田中らは、そのなかでもとくに着衣の諸条件と体温上昇との関係性を検討し、体温上昇を抑制する素材のアンダーシャツであったとしても、その上にユニフォームが重ね着されることで、体温上昇の抑制効果が失われると指摘する。

また野球では、ユニフォームが全身を覆いさらには重ね着もされるために、体表面から熱の放散が阻害されて熱中症が引き起こされやすいことから、熱中症の予防指針を一段階下げて厳しめに適用すべきという見解もある（芳田ほか二〇〇七、中井ほか二〇〇七）。ソフトボールでは膝下が覆われていないユニフォームも見かけるものの、いずれにしても着衣の状況を踏まえ、野球部やソフトボール部ではその競技種目固有の積極的な熱中症対策が必要であるといえる。

一方で、日本スポーツ振興センターが独自にまとめた熱中症の死亡事故のデータに関する取材記事では、同センターは「野球部が最多だったのは、競技人口が多いことに加え、練習時間が長いことが原因とみられる」と述べている（『産経新聞』大阪版朝刊、二〇一八年八月一〇日付）。また、先の田中らの引用においても、「炎天下で長時間の練習を行うことなども挙げられる」とあるように、野球部の長時間練習を問題視する見解もある。

部活動の調査研究においては、各競技種目の練習時間の長短がほとんど明らかにされていない。野球部の練習時間が長いという声を耳にすることはしばしばあるものの、はたして実際にそのとおりなのだろうか。

(3) 競技種目別の練習時間数

ここで、本書で取り扱ってきた私たちの共同研究の成果を示しながら、分析を深めていきたい。私たちの調査では、部活動顧問に対して、その担当競技種目や活動時間数などをたずねている。まず、各競技種目における一週間あたりの活動時間数の平均値（単位：時間）を算出した。なお、各競技種目の回答者(部活動顧問)が一〇名以上の部活動に限定した分析である。

分析の結果、主要一四競技種目の間には有意差(五%水準)が認められ、そのなかで最多は野球部とソフトボール部で、いずれも平均一七・〇時間であった(厳密に分単位で示すと、野球部が一〇二二・六分、ソフトボール部が一〇一九・八分で、野球部のほうが長い)(図8-8)。野球部やソフトボール部はたしかに、長時間の練習をおこなっている。これは、笹川スポーツ財団が二〇一七年に実施した調査(笹川スポーツ財団 二〇一八)(https://www.ssf.or.jp/Portals/0/resources/press/pdf/20180820_yakyu.pdf)における、野球部では「活動時間・活動日数ともに他の運動部よりも明らかに長い」という知見と重なる。

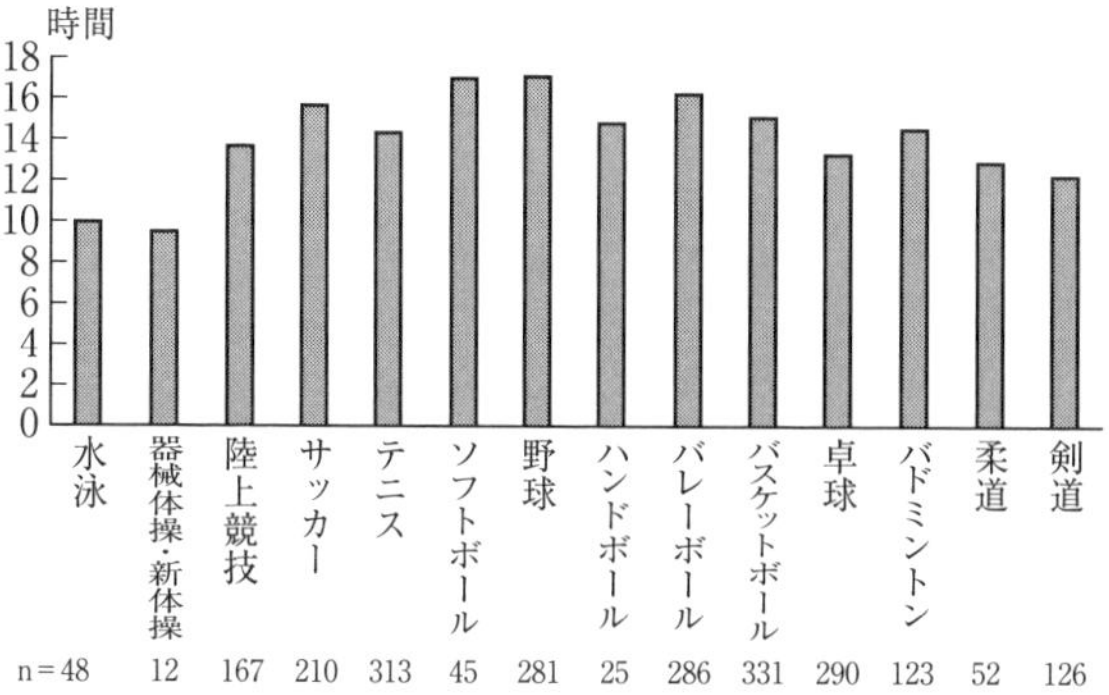

図8-8　中学校における競技種目別にみた1週間あたりの活動時間数

注：nは各競技種目の回答者数

(4) 練習時間数ならびに大会成績向上志向と熱中症発生率との関係性

次に、一週間あたりの活動時間数の長短を、各競技種目の一つの特性と位置づけて、先に算出した熱中症の発生率との関係性を調べよう。

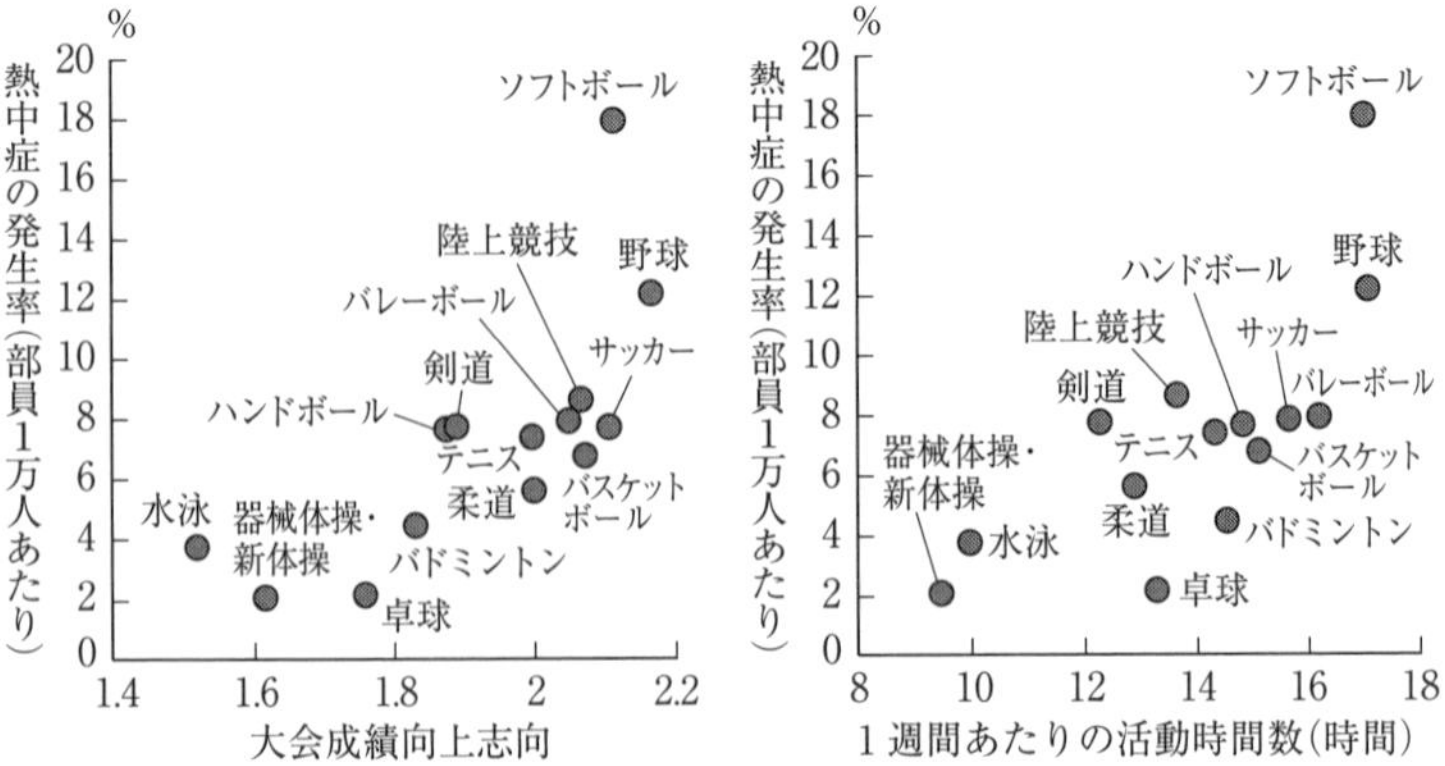

図 8-9(右)　1週間あたりの活動時間数×熱中症の発生率
図 8-10(左)　大会成績向上志向×熱中症の発生率

競技種目別の熱中症発生率(一万人あたり)と活動時間数との関係性を、図8-9に示した。横軸が、一週間あたりの活動時間数をあらわし、縦軸が、熱中症の発生率をあらわしている。

すでに述べたように、野球とソフトボールは活動時間数が大きく、熱中症発生率も高い。そしてじつは、他の競技種目を含めても、同様の傾向が確認できる。すなわち、活動時間数が長い競技種目ほど、熱中症の発生率が高いということである(図8-9)。長時間の身体活動が熱中症を引き起こすことは、よく知られている。習慣的な長時間活動という競技種目の特性から見た場合も、同様の傾向が確認できた。とてもわかりやすい結果であると言える。

さらに活動時間数の代わりに、大会成績向上志向との関係性も調べてみよう。質問紙調査では「顧問をしている部の競技成績・活動成績を向上させたい」という項目がある。一～四の四件法で回答するもので、数字が大きいほど（横軸で右にいくほど）、大会成績を重視する傾向が強いことをあらわす。

主要一四競技種目の間には有意差（五％水準）が認められ、そのなかで競技種目の特性として大会成績を重視する傾向がもっとも強いのは野球で、それにソフトボールがつづく。いずれも熱中症の発生率も高い。そして、他の競技種目も含めて、総じて、大会成績の向上志向が強いほど、熱中症の発生率が上昇する（図８－10）。大会成績をよいものにしたいという気持ちが熱中症を直接に引き起こすわけではないが、その気持ちが先の長時間の活動というかたちで具現化し、熱中症の発生につながっていくと見ることができる。

(5) 活動時間の長さは負傷事故の発生率に影響するか

競技種目の特性として活動時間数が長ければ、その競技種目では熱中症をはじめ、さまざまな負傷や疾病の発生率が高い値を示すというのは、それほど不思議な話ではないようにも思える。そこで、熱中症の代わりに負傷（骨折や打撲など）の発生率との関係を調べると、興味深いことが見えてくる。

先の中学校における運動部活動の熱中症発生率（部員一万人あたり）を、負傷発生率（部員一万人あたり）に置き換えて、同じように図示した。一見してわかるとおり、活動時間数が長い傾向にある競技種目だからといって、必ずしも負傷発生率が高いということにはならない（図８－11）。これは、大会成績向上志向と負傷発生率との関係にも当てはまる（図８－12）。

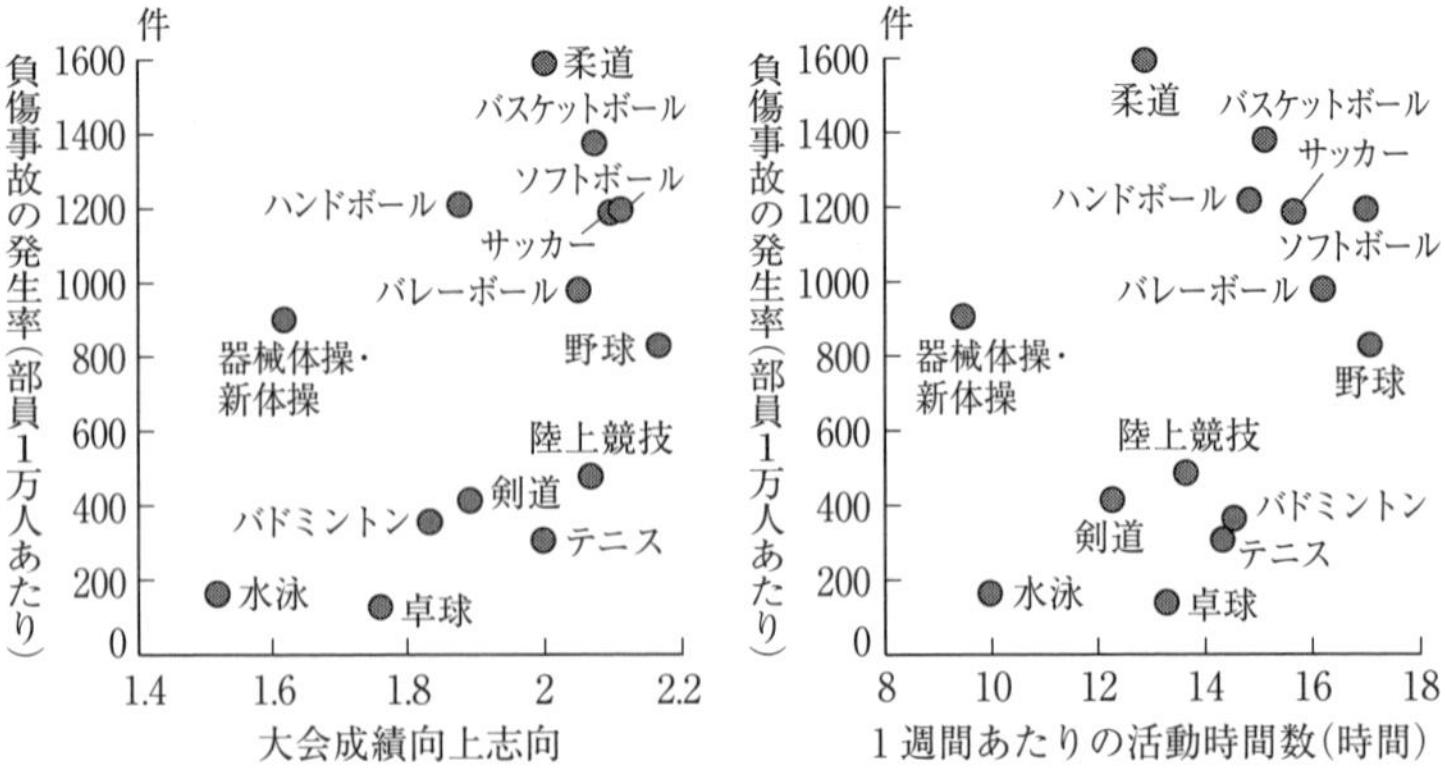

図8-11(右)　1週間あたりの活動時間数×負傷事故の発生率
図8-12(左)　大会成績向上志向×負傷事故の発生率

負傷事故については、当該競技種目において長時間練習や大会成績向上の志向性が相対的に強いとしても、それが発生率を高めることはない。競技種目の別の特性(身体の動きの特徴や、各部位の使い方の特徴)が、その発生率に影響を与えていると考えられる。

なお、図8-9から図8-12の各図について、関係性の強さ(相関係数の値)を表8-1に示した。相関係数は、一週間あたりの活動時間数と熱中症の発生率(図8-9)、ならびに大会成績向上志向と熱中症の発生率(図8-10)いずれも高い値であり、統計的に有意な関係性が確認できる。一方、一週間あたりの活動時間数と負傷事故の発生率(図8-11)、ならびに大会成績向上志向と負傷事故の発生率(図8-12)では相関係数の値は相対的に小さく、統計的にも有意な関係性は認められない。

以上、活動時間数が長いあるいは大会成績向上の傾向が強い競技種目において、熱中症の発生率が高いことが明らかとなった。ひと言で表現すれば、熱中症は「過熱」の程度と強い関係性を有している。よって、予防策は簡単である。過熱傾向にある競技種目において、過熱を冷ますしかない。夏場は、(長時間の)練習をやめればよい。

表8-1　図8-9〜12における相関係数の値と有意確率

×熱中症の発生率	活動時間数(図8-9)	大会成績向上志向(図8-10)
相関(Pearson)	0.73	0.72
有意確率	0.0030	0.0034
相関(Kendall tau-b)	0.61	0.69
有意確率	0.0030	0.0008

n＝14

×負傷の発生率	活動時間数(図8-11)	大会成績向上志向(図8-12)
相関(Pearson)	0.37	0.49
有意確率	0.1955	0.0732
相関(Kendall tau-b)	0.24	0.34
有意確率	0.2496	0.0995

n＝14

5　部活動は変わりうるか

熱中症の危険性が連日報じられていても、「部活で子どもが熱中症になって病院に運ばれたけど、翌日もいつもどおり練習があった」「部員が一人熱中症になったようだが、顧問は「部活をやめたら、勉強もダメになる」と言うだけ」といった声が、筆者の手元に届く。これが、毎年くり返されている。熱中症が起きても、真夏の部活動は変わらない。一〇名を超えるような救急搬送事案は報道されるけれども、ほとんどの事案はとくに問題視されることもなく、まるでなかったことのように片付けられていく。

夏休み中の練習中止を含めて、部活動の過熱を冷まそうとしても、一つのチームだけが練習量を減らしたところで、そのチームが試合で負けるだけだ。そして負けたくないからと、活動が再開される。だからこそ、中体連や高体連、高野連、さらにはその競技種目を統括する中央競技団体が積極的に対策を主導する必要がある。長い年月の間に蓄積されてきた過熱の現状を踏まえて、大会開催や練習量に対する厳格な規制を設けることも有効だろう。すべてのチームが、たとえば「練習は週三日まで」を守って、そのなかで全国大会(とその予選)を開催するという方法もある。週三日であれば、各部活動が練習日を分けて施設を使用することで、学校の施設を現在よりもゆとりをもって使うことができる。廊下を走る必要もなくなる。

二〇二〇年は新型コロナウイルス感染症の影響により、夏の甲子園大会が「交流試合」となり話題を呼んだ。中高を問わず他の競技種目でも、選手権大会ではなく交流大会に変更されたケースは多くある。コロナ禍の経験を踏まえて今後も、練習が過度にならぬよう、交流を目的にした大会開催ということも有力な対策である。

運動部活動は、試合出場に向けてそれなりに厳しい練習をたくさんおこなうわけだから、現実的には体育の授業よりは、熱中症をはじめとする各種事故が起きやすくなる。それはやむをえない側面がある。だからといって、真夏の危険な環境下で練習してよい理由にはならないし、廊下を走ってよい理由にもならない。学校教育として管轄する以上は、スポーツに取り組む際の安全な環境整備に関して、授業と部活動との間に差があってはならないと筆者は考える。

筆者は、運動部の活動をやめるべきと主張したいのではない。制度に位置づけられていながらも、制度の手が及びにくいことによって、同じ学校教育であるにもかかわらず、体育と部活動との間に、環境整備の大きな格差ができあがっていることが問題なのである。安全を目的とした環境整備は、教育活動の土台に据えられるべきものである。そのうえではじめて、授業や部活動、行事などの各種教育活動が構想されることを、筆者は願っている。

参考文献

ウルリヒ・ベック著、東廉・伊藤美登里訳、一九九八『危険社会――新しい近代への道』法政大学出版局
中井誠一・新矢博美・芳田哲也・寄本明・井上芳光・森本武利、二〇〇七、「スポーツ活動および日常生活を含めた新しい熱中症予防対策の提案――年齢、着衣及び暑熱順化を考慮した予防指針」『体力科学』五六：四三七～四四四頁
笹川スポーツ財団、二〇一八、「高校野球部の休日練習時間、他の運動部の約二倍　練習時間に対する〝感覚のずれ〟を是正する指導を」https://www.ssf.or.jp/Portals/0/resources/press/pdf/20180820_yakyu.pdf（最終アクセス二〇二一年一月二五日）
田中英登・薩本弥生、二〇〇五、「野球選手の着衣条件からみた熱中症予防に関する研究（アンダーシャツ素材を中心に）」『デサントスポーツ科学』二六：一八一～一八九頁
芳田哲也・新矢博美・中井誠一、二〇〇七「着衣条件を考慮した熱中症予防指針の実践的根拠」『体力科学』五六（一）：四一頁

第八章のポイント

▼二〇二〇年のコロナ禍での全国一斉休業期間中、一部では部活動を実施する学校も見られた。

▼教育課程内の体育の授業では感染症や熱中症対策が行われているのに、部活動では不十分なケースが散見される。

▼部活動は教育課程外という曖昧な位置づけゆえに、安全面の設計が不十分である。大前提としての安全の確保は喫緊の課題である。

おわりに——地域移行のゆくえ

「外部」への期待

部活動の姿がいま、少しずつ変わりつつある。本書の刊行に取り組む間にも、重要な施策が打ち出された。部活動の地域移行である。

文部科学省からは、休日の部活動を地域のスポーツクラブや芸術文化団体に委ねること、休日の指導を希望する教員は兼業許可を得た上で地域活動の一環として従事できるようにすることなどの改革案が提示された。具体的な実施については、二〇二一年度から各都道府県に設けた拠点校で試行し、二〇二三年度から全国展開を目指すという(『毎日新聞』東京版朝刊、二〇二〇年九月二日付)。ついに学校から部活動が切り離されるという点で、これは画期的な動きである。

部活動の地域移行の方針は、文部科学省に設置されている「学校における働き方改革推進本部」で決定された。これは、二〇一九年一月に中央教育審議会において、「新しい時代の教育に向けた持続可能な学校指導・運営体制の構築のための学校における働き方改革に関する総合的な

表　学校や教師が担うべき業務の分類

基本的には学校以外が担うべき業務	学校の業務だが，必ずしも教師が担う必要のない業務	教師の業務だが，負担軽減が可能な業務
①登下校に関する対応 ②放課後から夜間などにおける見回り，児童生徒が補導された時の対応 ③学校徴収金の徴収・管理 ④地域ボランティアとの連絡調整	⑤調査・統計等への回答等 ⑥児童生徒の休み時間における対応 ⑦校内清掃 ⑧部活動	⑨給食時の対応 ⑩授業準備 ⑪学習評価や成績処理 ⑫学校行事の準備・運営 ⑬進路指導 ⑭支援が必要な児童生徒・家庭への対応

注：中教審答申の 29 頁に掲載されている表から項目名のみを取り出した．

方策について」の答申がなされたことを受けて、その改革を具体的に推進していくために設けられたものである。

同答申は、部活動に限らず、教員の長時間労働全般についてその解決の鍵を外部に求めた。一四項目にわたる各種業務が「基本的には学校以外が担うべき業務」「学校の業務だが、必ずしも教師が担う必要のない業務」「教師の業務だが、負担軽減が可能な業務」の三つにわけられて、業務軽減の可能性が示された。

各種業務一四項目のうち六項目において「地域ボランティアの参画を円滑に進めるための、地域学校協働活動の推進」というフレーズが使用されており、また類似の文言で、地域学校協働活動の促進を求めるものが二項目、それ以外にも、スクール・サポート・スタッフや外部専門家（スクールカウンセラーなど）の体制整備を求めるものが三項目と、ほとんどすべての業務で学校の外部人材を活用すべきことが提起されている。いまや学校の外部は、働き方改革の救世主である。

そして上記一四の業務のなかで、もっとも分量を割いて検討されていたのが「部活動」である。「部活動の設置・運営は法令上の義務ではなく、学校の判断により実施しない場合もあり得る」、「部活動指導は必ずしも教師が担う必要のない業務である」と、教員が部活動を指導して当然という前提が破棄されている。

そのうえで、「学校職員として実技指導等を行う部活動指導員や外部人材を積極的に参画させることが重要」であり、「学校や地域住民と意識共有を図りつつ、地域で部活動に代わり得る質の高い活動の機会を確保できる十分な体制を整える取組を進め、環境を整えた上で、将来的には、部活動を学校単位から地域単位の取組にし、学校以外が担うことも積極的に進めるべきである」と、外部指導者の活用ならびに管理運営主体の地域移行などの方針が示された。

地域移行の未来予想図

「外部」が、救世主のように期待されている。一方、外部化したときに、何が起こりうるのか。その未来予想図は、まだほとんど描かれていない。

部活動は、教育課程外の趣味のようなものと一言で片付けられないほどに、あまりにも肥大化・複雑化し、さまざまな問題や矛盾を内包し、教員と生徒の安全・安心を脅かすまでに至っている。学校のその他の業務も膨れ上がっていることを踏まえると、もはや学校の構成員による管理運営は限界にきている。その意味で私は、部活動を学校から切り離すことはもはや避けられないと考えている。

ただし、部活動は制度設計なき巨大で複雑な活動であるだけに、地域移行がさらに状況を悪化させぬよう、移行プロセスには慎重な検討を要する。「外部」だからといってそこはバラ色の世界ではない。いまのうちに、想定される課題を確認しておくべきである。以下、三点の課題について考えたい。

課題1――教員の希望は尊重されるのか

部活動の地域移行は、指導にあたる教員の負担軽減がその主たる目的である。もちろん教員も、部活動を指導したければ、一人の地域住民として参加することができる。兼業として、対価の支払いが保障されたかたちで、指導にあたる。問題は、地域住民として参加する際に、そこに学校からの強制力が作用しないか。

そもそも現時点においてさえ、部活動は教員が担うべき必須の業務ではない。このことが知れ渡って数年が経過したけれども、学校の部活動に特段の大きな変化は見られない。第四章でも示したように、教員の約半数は、次年度はもう部活動の指導をしたくないと回答しているけれども、結局のところは、ほぼ全員で指導にあたっている。

このような現状を踏まえると、仮に部活動が地域の活動に移行したところで、個々の教員の希望に関係なく、その指導を学校の教員集団全体で担う可能性が十分にある。地域住民として完全に自由意志で参加していることになっているが、実際には管理職からの強力なお願いと職員室の空気によって強制されているという事態だ。制度上は、学校の業務からは切り離されているだけに、現在よりもその強制性が見えにくく悪質になってしまう。

課題2――生徒の負担は軽減されるのか

課題の二つめ以降は、生徒の負担や負荷についてである。これは課題1の何倍も重要な論点である。

地域移行の制度が整い、仮に文部科学省の想定どおりに地域住民が生徒の指導にあたれば、教員の負担は軽減される。だが、そこに生徒が強制的に参加させられては、生徒の負荷はむしろ増えてしまう。

生徒の活動については、二〇一八年三月に運動部活動についてスポーツ庁が「運動部活動の在り方に関する総合的なガイドライン」を策定し、それにつづいて文化部の改革も進められ、同年一二月に文化庁が「文化部活動の在り方に関する総合的なガイドライン」を策定した。

両ガイドラインは、過熱した部活動の適正化を求めるもので、各種提言のなかでもとくに休養日の設定を含む活動量の上限規制が注目された。運動部については、「生徒がバーンアウトすることなく、技能や記録の向上等それぞれの目標を達成」するために、また文化部については「生徒のバランスのとれた生活や成長に配慮」するために、運動部と文化部いずれにおいても具体的には、週あたり二日以上の休養日を設けること、また一日あたりの活動時間は、長くとも平日では二時間程度、土日は三時間程度とすることが明記された。

ところが、たとえば土日の部活動が地域に移行された場合、月曜日から金曜日までは学校で練習し、土曜日と日曜日は地域部活動で練習するということになりかねない。学校としては休養日を二日間(土日)設けているし、地域としてもたんに土日に生徒を受け入れているだけであるから、学校にも地域にもその管理運営に非はない。

現在の学校部活動の看板が、地域部活動に差し替えられて、活動が継続される。過熱した部活動の受け皿として、学校部活動の延長上に外部の地域部活動が機能するかたちだ。

これはけっして極端な恐れではなく、すでに各地で起きていることである。私たちの調査においても、「あなたは、社会体育や任意の組織で部活動の延長上の活動として指導を行っていますか。部活動の延長上の活動とは、部活動で指導している生徒と同じ生徒を対象とした活動を指します」という質問に対して、運動部顧問の一四・一%、文化部顧問の四・七%が「行っている」と回答した。

いまや、地域部活動を開始したという自治体や学校の情報が飛び交っている。新たな情報が入ってくるたびに、私はそれが学校の部活動と連動しているか否かを確認する。地域移行には、基本的に次の二つの方法が多い。一つが、学校主体で夕方に練習があり、夜に地域主体でまた練習がおこなわれる。もう一つが、学校主体の練習が休みの日に、地域主体で練習がおこなわれる。

いずれにしても、同じ学校の同じ生徒が、看板だけ掛け替えられたなかで、活動をつづけているのだ。教員は負担軽減の可能性があるけれども、生徒は負担増大にもなりうる。これを地域移行というのであれば、部活動改革は確実に後退している。

課題3——生徒に安全・安心な指導が提供されるのか

課題の三つめは、指導者の質確保である。地域移行を含む部活動の外部化には、専門的な指導者による技術指導や安全確保が期待されている。

日本スポーツ協会(旧、日本体育協会)が二〇一四年に実施した「学校運動部活動指導者の実態に関する調査」によると、中学校ならびに高校の運動部顧問のうち約半数(中学校:五二・一%、高校:四五・〇%)は、その競技種目を未経験である。授業で各教科の素人が指導をおこなうことはないが、部活動ではそれが当たり前の風景になっている。競技種目に関する専門性は低いということは、安全な指導方法に関する知識も乏しいことが懸念される。

生徒は、専門性の低い顧問の指導のもとで、日々練習に励んでいる。ケガをした場合には、「注意が足りなかった」と生徒が責められるか、「スポーツにケガはつきもの」とあきらめの境地で片づけられる。ここに専門性の高い外部指導者が付くことによって、生徒の安全が守られうる。

だが、はたしてその仮定は正しいのか。神奈川県教育委員会が二〇一三年に実施した調査(「中学校・高等学校生徒のスポーツ活動に関する調査報告書」)によると、部活動の指導日数として一週間のうち何日が適当であるかについて、「六日以上」の割合は、教員が三五・一%であったのに対して、外部指導者は六〇・八％に達した。また、一日あたりでは「二時間以上」の割合は、教員が六七・九％で、外部指導者は八六・〇％であった。外部指導者は教員に比べて、より多くの日数と時間数を部活動に費やすべきと考えている。外部指導者が部活動に関わることで、顧問の負担軽減が実現する可能性は大いにある。だが生徒のほうはむしろ、負担増大になってしまうことが懸念される。

外部の指導者による暴行事案も、いくつか報じられている。岐阜県多治見市では、完全に学校の外部に置かれている活動のなかで、暴行が発生した。多治見市では以前から市の主導による学校外部での地域クラブ活動が盛んである。生徒は学校での部活動を終えてから地域クラブに移行し、制度的には学校の管轄外で、スポーツや文化活動に参加する。そこで二〇一六年九月に中学一年生の男子生徒が、監督である六〇代の男性から尻を蹴られた。生徒は警察に被害届を出し、監督は暴行罪で略式起訴された。事案が公になったのは、二〇一八年三月に入ってからのことである（『中日新聞』二〇一八年三月八日付、朝刊）。

学校外部の指導者による生徒への暴行事案は、他にも多く報じられている。もちろん学校内部の顧問教員が、暴力を振るうこともある。外部指導者だけが問題ではない。一方で今日の学校では、暴力的な指導に対してはそれなりに行政や職員室のなかから厳しい目が向けられるようになっている。同様の厳しさが、地域部活動の指導者にも求められる。

以上が、部活動の外部化をめぐる課題である。

過熱してきた部活動の改革には、まずそれを学校から切り離すことが必須だと私は考えている。ただし、学校の部活動とはまったく別物として外部化されたうえで、その活動が好きな人だけが集えるような仕組みを構築する必要がある。言うならば、放課後や週末に、私たちが自分や家庭の選択として、自由にショッピングに出かけたり、お稽古事や学習塾に行ったりするのと同じように、自由が尊重されるような仕組みづくりを徹底することである。部活動とは教育課程外であり、趣味的な活動として位置づけられるものだ。その趣味に、生徒も教員も半ば強制的に参加させられ、負担増で心身を壊すようなことがあってはならない。

地域移行の成否は、「学校を引きずらない」ことにかかっている。学校の部活動から名実ともに引き離されれば、学校部活動に蔓延してきた強制の空気は緩和され、生徒も教員も参加したい者だけが参加するようになる。これで、活動に要するリソース（指導者、活動場所、予算など）は大幅に減る。

そして一つの学校に、一つの地域部活動が対応するのではなく、複数の学校区で一つの地域部活動をつくるかたちにすればよい。これで、生徒は学校部活動における顧問の顔色もレギュラーの座も、気にしなくてよい。もし、どうしても勝利を目指したい、オリンピックを目指したい生徒がいるとするならば、それに見合った指導料を支払って、民間のクラブチームでスペシャリストから指導を受けたほうがよい。実際に今日、メダリストの多くは民間のクラブチームで育っている。

部活動は、魅力たっぷりだ。だから肥大化しそれと同時にさまざまな問題や矛盾を抱え込んできた。問題や矛盾をできるだけ取り除きながら、参加したい人が、安全・安心に参加できる設計が必要だ。多くの人を惹きつける活動だからこそ、そのあり方をもっと議論していかなければならない。

刊行の経緯と謝辞

本書は、上地香杜・加藤一晃・野村駿・太田知彩と、私(内田良)の共同作品である。

二〇一七年春に質問紙の原案を考え始めてから、調査を実施し、学会発表をこなし、論文や報告書、ウェブ記事などを執筆し、ブックレット『調査報告 学校の部活動と働き方改革――教師の意識と実態から考える』も刊行した。それらの集大成が、本書『部活動の社会学』である。

私たちは、「名古屋大学教育研究会」という看板を掲げて、ここまで部活動の調査研究を進めてきた。じつは「名古屋大学教育研究会」はまさに看板にすぎず、私たちはこの共同研究を「部活部」と呼んできた。字義どおり、「部活動について考える部活動」である。私はその「顧問」、上地・加藤・野村・太田の四名は「部員」である。くれぐれも部活部への参加に強制はない(ように私は心がけてきた)。

私たちは、日々の研究会を「練習」と呼んで、議論を重ねてきた。学会の年次大会における成

果報告に際しては、たとえば中部教育学会のそれを「地方大会」と称し、日本教育社会学会のそれを「全国大会」と称して、会場に乗り込んだ。大規模な全国調査をリーダーとして率いるのは私自身がはじめてのことであり、そして四名の部員にとってもはじめての大規模調査であった。一つひとつが手探りで、苦労も喜びも分かち合った。

質問紙調査の実施から論文・本などの成果発表に至るまで、部活部のほとんどの活動は、部員が担ってくれた。とりわけ部員が労力を要したのは、調査対象の選定ならびに質問紙の配布・回収だ。それらも、とても初体験とは思えないほどに、丁寧かつ手際よく進めてくれた。私自身は顧問とは言うものの、部活部における存在感はとても小さい。さすがに素人顧問ではないけれど、せいぜい私がやったことといえば、数年間を見通して部活部の活動スケジュールを立てること、部員の負荷に気を配ること、練習が終わったあとに部員をご飯につれていくことくらいであった。部員の尽力には、心から感謝している。

私がいまの職場に勤め始めてから、一〇年ほどになる。「部活部がこの一〇年間のいちばんの思い出」と、胸を張って言える。部活動は、やっぱり楽しい。

私たちがこうして部活部の活動を実現できたのも、多くの協力や支援があってのことである。まずは、忙しいなかにあって質問紙調査に回答してくださった全国の中学校教員の皆さんにお礼を申し上げたい。回答にかけてくださった労力が報われることになるよう、私たちは今後も本書をたずさえて情報発信をつづけていきたいと考えている。

そして、この大規模調査の実現には、日本教職員組合の本部と単組（各都道府県）から多大な協力と支援をいただいた。調査の内容や分析など研究に関わる事項はすべてこちらの裁量にゆだねてくださるという太っ腹な対応に、深くお礼を申し上げたい。

最後に、岩波書店の編集者・大竹裕章さんに感謝の意を申し上げる。刊行に至るまで何度も相談に乗っていただき、「副顧問」として実務を担ってくださった。

二〇二一年度に入って「名古屋大学教育研究会」には、新たに「帰宅部」が誕生した。その活動内容は、またの機会に明らかにしたい。学校にかかわるすべての人たちにとって、学校がよき思い出の場となるよう、研究はつづいていく。

内田 良

【執筆者】

加藤一晃　第1章・第5章

名古屋大学大学院教育発達科学研究科博士後期課程．論文に「1980年代以降高校生の学習時間変容と「学校化」」『子ども社会研究』第26号，「1980年代以降の高等学校における教育課程編成の変容」『名古屋大学大学院教育発達科学研究科紀要(教育科学)』第67巻1号などがある．

野村　駿　第2章・第3章

秋田大学大学院理工学研究科附属クロスオーバー教育創成センター助教．論文に「なぜ若者は夢を追い続けるのか」『教育社会学研究』第103集，"Place of Belonging (Ibasho) and Pursuing One's Dream", *Educational Studies in Japan: International Yearbook*, No. 15などがある．

太田知彩　第2章・第6章

名古屋大学大学院教育発達科学研究科博士後期課程・日本学術振興会特別研究員(DC2)．論文に「現代日本における「留学」の変容過程」『教育学研究』第88巻第2号，「日本における国際教育交流分野の「第三領域」に関する研究動向」『静岡大学教育研究』第17巻(共著)などがある．

上地香杜　第4章・第7章

静岡大学教職センター特任助教．論文に「地方からの大学進学における日常的な進路指導」『日本高校教育学会年報』第26号，「地方高校を捉える認識枠組みの再考」『名古屋大学大学院教育発達科学研究科紀要(教育科学)』第64巻1号などがある．

内田　良　第8章・はじめに・おわりに

奥付参照

【編著者】

内田 良

名古屋大学大学院教育発達科学研究科准教授．博士(教育学)．教員の働き方，部活動，スポーツ事故や組み体操事故，2分の1成人式などの教育問題を広く情報発信している．ヤフーオーサーアワード2015受賞．
著書に『ブラック部活動』(東洋館出版社)，『教育という病』(光文社)，『学校ハラスメント』(朝日新聞出版)など，共著に『調査報告 学校の部活動と働き方改革』『迷走する教員の働き方改革』(岩波ブックレット)などがある．

- Twitter アカウント：@RyoUchida_RIRIS
- YouTube チャンネル：内田良の学校カエルちゃんねる
- メールアドレス：dada@dadala.net

部活動の社会学——学校の文化・教師の働き方

2021年7月9日 第1刷発行
2022年2月15日 第3刷発行

編 者 内田《うちだ》 良《りょう》

発行者 坂本政謙

発行所 株式会社 岩波書店
〒101-8002 東京都千代田区一ツ橋2-5-5
電話案内 03-5210-4000
https://www.iwanami.co.jp/

印刷・精興社 製本・牧製本

ISBN 978-4-00-061479-5 Printed in Japan